中华创世神话研究工程
系列丛书

中华创世神话图像编

上海市社会科学界联合会 组织编写

THE PICTORIAL GENEALOGY
OF YAN EMPEROR'S CREATION MYTHS

炎帝创世神话图像谱系

田兆元 李悦 著

上海人民出版社

编写说明

由上海市社会科学界联合会组织实施的中华创世神话学术研究工程是"开天辟地——中华创世神话"文艺创作与文化传播工程的重要组成部分,是弘扬中华优秀传统文化的一项基础性工作,是打造上海文化品牌的一项重要内容。

自 2017 年以来,在中共上海市委宣传部的指导下,在上海市哲学社会科学规划办公室的支持下,上海市社会科学界联合会积极联系国内相关领域的专家学者深入开展专题研究,在上海市哲学社会科学规划课题的研究基础上,集中研究力量和学术资源,推出了中华创世神话研究工程系列丛书。

本丛书旨在通过整理编纂各民族中华创世神话资料,研究和梳理中华创世神话脉络和体系,讲好中华创世神话故事,探索中华文明之源,弘扬中华民族精神,为中华文化培根固源,为中华民族塑魂铸魂,为今后学术研究、文艺创作提供参考。

本丛书的编纂得到上海社会科学院、上海交通大学、华东师范大学、上海大学、上海政法学院等单位学者的鼎力支持,也得到中国社会科学院、北京师范大学、华中师范大学等单位专家的大力帮助。

上海市社会科学界联合会

2020 年 12 月

序

　　中华创世神话叙事传承在历史上有三种主要形式：一是语言文字的叙事形式，二是仪式行为的叙事形式，三是图像物象的叙事形式。在文字还没有发明的时候，图像就是一种重要的跨越时空的记录形式与叙事形式，人们通过图像讲述着世界上发生的故事和他们浪漫想象的故事。

　　我们所熟悉的盘古开天地的故事，完整的语言文字叙事其实直到三国的时候才记录下来。但是，至少在东汉时期，四川的文翁石室，即所谓汉时讲堂，就画了三皇五帝，以及盘古开天辟地的故事。这些绘画故事声名远扬，从蜀中传到江南的建业都城。东晋时期的王羲之还托人去临摹，意图传承其中的绘画元素。东汉时期，一篇叫《鲁灵光殿赋》的文章里面记载，鲁灵光殿里绘有一组中华创世神话系列图像，其中有一幅重要的图画常常被忽视，在赋中是如此描述的："上纪开辟，遂古之初。"显然，此处图画的内容当是盘古开天辟地的故事。可见，在文字并没有很好记载的时代，图像已是一种独特的叙事系列。可惜，无论是四川的文翁石室，还是鲁灵光殿壁画，我们今天已经见不到了，这是非常遗憾的事。

　　《鲁灵光殿赋》中所描述的"伏羲鳞身，女娲蛇躯"为人们所熟知，但是描绘这些形象的图像传到唐代就比较少了，后来渐渐被人们淡忘。宋代马麟画了一幅伏羲的图像，是一位圣哲在画八卦，从此画八卦的伏羲占据了伏羲图像的主流地位。直到那些埋在地下的汉代的画像石、砖，以及唐代的伏羲女娲图像绢画被发掘出来，向我们展示了伏羲女娲的龙蛇之躯之后，我们方才恍然大悟。然而唐宋以后，伏羲女娲故事的主流题材却又是兄妹婚故事，可见图像叙事并没有很好地表现这些内容。秦汉隋唐伏羲女娲图像传播的时代，语言则讲述伏羲画卦，可见图像叙事与语言叙事并不同步，前者亦是文化多样性的重要构成形式。

图像是一种可视符号，对于文化的传承和认同具有独特的意义。图像的稳定性要比口头传播可靠性高，因此对于文化统一性的作用更为突出。神话学研究经常会提到的"语言疾病说"，实际上是对于神话的口头表达之不可靠性的一种深刻认识。"语言疾病"是神话演变的现象，但是并不意味着那是一件好事。鲁鱼亥豕是一种信息混乱，所以图像的优越性在一定程度上高于口头语言，这是事实。图像的跨越语言障碍的意义更是有效的文化传播的保障，在全球化的今日，其价值更为突出。

历史上我们很重视语言文献，相对来说对于图像文献则重视不够。近年来中外神话学者都对神话图像研究倾注了很大精力，图像叙事与图像分析是其中关注得比较多的问题。但是，像创世神话这样重要的图像问题，我们仍然重视不足。尤其在一种将中国神话视为残丛小语的错误认识下，神话图像也被认为是凌乱的，因此，创世神话的图像研究也是零散的。

当中华创世神话严整的、丰富的谱系性构成问题被揭示，创世神话的图像谱系问题也被严肃地提出来了。图像叙事虽只是神话叙事的形式之一，但图像的丰富性与多样性远远超出了传统的认识视野。在上海市"中华创世神话文艺创作工程"之"学术研究工程"的支持下，我们开展了中华创世神话的田野调查与研究，灿烂的中华创世神话图像恢弘地呈现在我们面前。这些图像既有古远的创世神图像元素的不朽传承，也有历史上世世代代的人民群众的创造，更有当代社会对于创世神话的创新性发展。所以，我们乐于将这些图像与世人分享，更乐意以文化谱系观对这些图像予以系统研究与整理，分享我们的神话观念。无论是文艺创作、审美欣赏，还是神圣敬仰、文化认同，这一中华创世神话图像谱系研究系列，都将是对于中国神话的一次大规模的探索与资源呈现。这不仅是为了中国人的文化自豪感建设，更是为世界人民增添一种文化自信：就像中国神话推助中华民族伟大复兴一样，世界上古老的神话资源一定能够将人类带向美好的未来。

田兆元　毕旭玲

2021 年 9 月 25 日于上海

目　录

第一章　炎帝创世神话图像谱系概说

　　"炎黄子孙"一词，代表着千千万万的中华儿女。炎帝和黄帝，就是中华民族的始祖。炎帝作为中华民族的人文始祖，为民族的发展作出了巨大的贡献。相对于中华民族历史上任何一位创世神，炎帝的神话要丰富得多，复杂得多。作为创世始祖，这是炎帝的第一身份。作为始祖，炎帝排在黄帝的前面。在三皇五帝的系列里面，炎帝（神农氏）是排在三皇里面的。理论上这也比黄帝的地位高，资历老。作为祖先，作为古老帝王，作为神灵，这是炎帝神话的基本底色。

　　但是，炎帝的神话叙事呈现出复杂的局面。相比黄帝叙事，炎帝的神话故事要复杂很多，多样性十分突出。据皇甫谧《帝王世纪》云："神农氏在位百二十年，凡八世：帝承、帝临、帝明、帝直、帝来、帝哀、帝榆罔。"这八代帝王的形象肯定是不同的，如果传下来，那会丰富得很。[①]

　　就现有的资料，我们发现，炎帝远远不止这八代。这八代首领还只是担任炎帝首领的一支，即神农氏部落的炎帝首领群。先后担任炎帝的氏族有神农氏、历山氏、祝融氏、大庭氏、归藏氏、蚩尤氏等。这说明，在黄帝担当联盟首领之前，炎帝族主导中国文化发展有一个相当长的历史时期。这么多的炎帝族，内容真是太丰富了。这里我们要明白的一个基本概念是：炎帝是中国上古一个时代的帝王首领的称谓，有多个氏族、多个领袖成员担任炎帝职位，这在史学界和神话传说研究群中，基本形成共识。这样一种情形，因为后来历史的书写的单线模式，很容易造成了炎帝、黄帝就是一人一代的错觉。以至于会出现炎帝与神农氏

---

　　① （西晋）皇甫谧《帝王世纪》载："神农氏，姜姓也。母曰妊姒，有蟜氏之女，名女登。游于华阳，有神龙首感女登于常羊，生炎帝。人身牛首，长于姜水，有圣德；以火承木，位在南方，主夏，故谓之炎帝。"《太平御览》引文写出八代姓名，参见《丛书集成初编本》，商务印书馆1935年版，第3页。

是不是一人的争议的问题。

炎帝家族也很庞大。其父其母，其妻，其子，其诸女，都有显赫的事迹。这个神族谱系十分庞大。今天，我们对于炎帝时代的理解事实上还不是很充分。但是，我们能够逐渐向历史与神话的本源接近。

炎帝只是一个时代的部落联盟首领的共同称号，首领之位由不同的氏族的多代首领担任。所以，为了区别每一位炎帝的个性特点，我们采用了"炎帝＋氏族名"这样一个基本称谓方式。如，炎帝神农氏，炎帝蚩尤氏，炎帝祝融氏等。我们在进行炎帝研究和炎帝文化传承的时候，这种区别是最基本的。相传炎帝传七十代，也有说十七代的。①无论如何，炎帝多代多帝王，则是基本事实。

炎帝图像当然十分复杂，这在于炎帝的文化身份丰富。炎帝是帝王，同时是农耕文化的创始者，是农神、田祖；炎帝是医药文化的创始者，茶文化的创始者，还是火神、太阳神、神仙。他在庙堂，也在田间地头，甚至在家里灶头。炎帝既高高在上，同时也在我们的生活之中。炎帝的多文化身份，并不是所谓的传说的箭垛式现象，把很多的贡献都归到他一个人身上，而是历代炎帝的巨大贡献，通过神话传说记录下来。

对于炎帝神话的复杂样态，如果我们简单地将其视为凌乱不系统，那肯定是不恰当的想法。假如我们加以梳理，以中华神话谱系的观念来看，那就是有其严整系统的。作为帝王和祖先的炎帝时代，是一个漫长的治理时代。其从无为而治到拯救民众，发明农耕医疗，其贡献卓著，因此得到人们的祭祀。

这样，我们就能够明白炎帝神话的性质：炎帝虽然是历史上一个漫长时期的领袖群体，因其巨大成就，被后代祭祀信仰，所以作为帝王和首领的人物，就逐渐变成了神灵。历史的叙事也就以神话的形式传下来了。炎帝的叙事，是神圣的故事，但民众和后人都将其视为庄严的历史。早期在缺少记录媒介的时代，历史只能以口传的形式传播，对于炎帝的敬仰逐渐神话化，所以历史的首领变为神话的帝王神灵。这是中国神话生成的重要路径，由人上升为神，如同从自然之物上升为神一样，生活世界有了超验性的存在。

《礼记·祭法》在讲述古代祭祀原则的时候说：

----

① 王利器等：《汉书古今人名表疏证》，齐鲁书社 1988 年版，第 15—16 页。

夫圣王之制祭祀也，法施于民则祀之，以死勤事则祀之，以劳定国则祀之，能御大蓄则祀之，能捍大患则祀之，是故厉山氏之有天下也，其子曰农，能植百谷；夏之衰也，周弃继之，故祀以为稷。共工氏之霸九州也，其子曰后土，能平九州，故祀以为社。帝喾能序星辰以著众，尧能赏均刑法以义终，舜勤众事而野死，鲧郭鸿水而殛死，禹能修鲧之功，黄帝正名百物以明民共财，颛顼能修之，契为司徒而民成，冥勤其官而水死，汤以宽治民而除其虐，文王以文治，武王以武功，去民之蓄，此皆有功烈于民者也。及夫日月星辰，民所瞻仰也；山林、川谷、丘陵，民所取财用也。非此族也，不在祀典。[①]

这就是说，有功烈于民，勤政献身，创造发明的，就会得到祭祀。炎帝的多重身份，即是炎帝时代的历代炎帝和民众的共同发明与创造。

炎帝何以成为祖先和帝王呢？首先是农耕的发明。《周易·系辞》说："包牺氏没，神农氏作，斫木为耜，揉木为耒，耒耨之利，以教天下。"这就点出了炎帝神农氏的根本贡献：发明农具，教授农耕。中国是一个农业社会，民以食为天。所以这个叙事是炎帝叙事的核心问题，其他多是在此基础上延展的。

生火是人类历史上的重大发明，是人类与动物区别的标志性事件。

在历史上，火是生活之依赖，也是生产之依赖，也是文化之依赖。生活者，御寒，熟食，都需要火。生产者，刀耕火种是原始农业的重要方式，制陶也需要火。文化者，祭祀、舞蹈都需要火。所以，这一时代，人们将其命名为炎帝时代，就是火的作用和意义太大了。这就是火神炎帝与农神合一的逻辑。火神成为山神，或许有防火的意义，而作为海神，则是水火相生相克之理。炎帝作为太阳神，也是与火息息相关的。作为火神的炎帝，是其众多创造的基础。

当生产发展到一定程度，社会呈现一定的分工，便有了物质交换的需求。农产品与手工制品，以及不同的手工制品间，都需要交易发生，这就需要市场。炎帝是中国古代交易市场的开创者。"日中为市"的交换形式，制定了早期物质交

---

① 《礼记·祭法》，载《十三经读本》第三册《礼记》，上海人民出版社 2015 年版，第 1668 页。

换的规则。炎帝是中国市场交易的奠基人。"炎帝黄帝被认为是最早提倡和发展商业交换的人"。[1]炎帝发明市场是一个时代原始农业发展的结果，所以符合生产与交易的逻辑。

疾病是对于人的身体与生命的最大威胁。草药发明与医疗的创制是神农时代长期实践的经验总结。神农尝百草，这是最为重要的贡献之一。传说中国传统药学与医学，都是神农氏奠定了基础。救死扶伤，功莫大焉！医疗是社会人生的重要内容，这也是炎帝的重要贡献。在民间，作为药神的炎帝神农氏地位也非常高。

生活需要审美与快乐，于是有了乐器的发明。炎帝时代，琴这样重要的乐器，也是神农氏发明的。所以，神农氏炎帝的时代，是一个充满创造力的时代。

与黄帝主要为皇家祭祀不同，炎帝广泛为民间供奉。如农神稷神田祖，都进入地方土地庙了。药神炎帝则在医家和药房里供奉。而作为炎帝化身的灶神，在汉代就有文献记载，说是炎帝死而为灶神，也有说祝融被祀为灶神。灶神因为与百姓生活息息相关，地位很高。[2]灶神炎帝后来成为"一家之主"进入千家万户，这是任何一位创世神的影响力都很难与之相提并论的。

从尊贵的皇家三皇神坛与民族的共祖庙堂，到大街小巷医药商号，田野处处，家家户户，炎帝成为朝野共同供奉的创世大神与日常生活的保护神。其间，神话内涵的谱系明晰，深刻体现了中国神话发展的全民性与活态逻辑。

本书是从图像景观的视角，透视其传承路径，呈现和揭示炎帝神话的图像与景观的叙事文本。

一、炎帝创世神话图像演进的时间谱系

（一）先秦时期的炎帝神话图像

中国有着图画创世神的传统，这在先秦就开始了。我们今天看到的很多岩画，其中有些神话图像可能就有创世神。传说屈原的《天问》就是面对神话图像

---

① 田兆元、田亮：《商贾史》，上海文艺出版社1997年版，第1页。

② 参见（南宋）宋王楙：《野客丛书》卷二十"人物名字不同"章引《淮南子》曰："炎帝主于火死而为灶神"，载四库全书本子部十，杂家类二。

的发问。王逸在《楚辞章句·天问序》里这样说：

> 屈原放逐，忧心愁悴。彷徨山泽。经历陵陆。嗟号昊旻，仰天叹息。见楚有先王之庙及公卿堂，**图画天地山川神灵**，琦玮僪佹，及古贤圣怪物行事。周流罢倦，休息其下，仰见图画，因书其壁，呵而问之，以渫愤懑，舒泻愁思。楚人哀惜屈原，因共论述，故其文义不次序云尔。①

按照这个说法，《天问》就是针对神话图像的发问。这说明，至少在战国时代，就有了自觉的创世神神像的创作。《天问》里表现的传世神话图像很多，如："圜则九重，孰营度之？惟兹何功，孰初作之？斡维焉系，天极焉加？"这是九重天的神话，天柱的神话，绳吊大地的神话。"夜光何德，死则又育？厥利维何，而顾菟在腹？"这是月亮的神话。"女娲有体，孰制匠之？"这是女娲造人的神话。"日安不到，烛龙何照？羲和之未扬，若华和光？"这是太阳神的神话，这就与太阳神炎帝有关了。所以按照王逸《天问》是针对图像的发问的观点，战国时代就有炎帝的图像了。

（二）两汉时期的炎帝神话图像

到了汉代，绘制创世神谱似乎成为一种习尚。如汉初鲁恭王灵光殿，就有丰富的创世神话的绘画。这个殿到东汉时期还完好保存。辞赋家王延寿这样描述：

> **图画天地**，品类群生。杂物奇怪，山神海灵。写载其状，托之丹青。千变万化，事各缪形。随色象类，曲得其情。上纪开辟，遂古之初。五龙比翼，人皇九头。伏羲鳞身，女娲蛇躯。鸿荒朴略，厥状睢盱。焕炳可观，黄帝唐虞。轩冕以庸，衣裳有殊。②

这里有开天辟地的盘古故事，也有人首蛇身的著名的伏羲女娲故事。黄帝作

---

① （东汉）王逸：《楚辞章句》（楚辞补注本），中华书局1983年版，第85页。
② （东汉）王延寿：《鲁灵光殿赋》，载《文选》第二册，上海古籍出版社1986年版，第515—516页。

服饰制度，所以黄帝唐尧虞舜，都是焕炳可观，有轩冕衣裳。在伏羲女娲与黄帝之间，理论上有炎帝，但是辞赋描述了洪荒朴略，形状浑朴的形象，大概指的就是炎帝时代。

在汉代，我们开始看到了炎帝的图像，炎帝的神话叙事开始了图像叙事的历程。炎帝的图像，第一次明确清晰出现是东汉时期的武梁祠西壁画像石上。但是嘉祥武梁祠的炎帝形象并没有标出"炎帝"二字。在一列古代创世神系列的图画中，居第一位的是伏羲女娲，就是"伏羲麟身，女娲蛇躯"的直观呈现，也是汉代伏羲女娲的标准图像。而排第二位的是祝融。祝融是三皇之一。《白虎通义》卷一："三皇者，何谓也？谓伏羲、神农、燧人也。或曰伏羲、神农、祝融也。《礼》曰：伏羲、神农、祝融，三皇也。"这个祝融地位显赫，显然，武梁祠是依照的《白虎通义》的三皇说绘制的。现在大家都很清楚，祝融是火神。今天的火星车也叫"祝融号"，是中国科技最高成就的标识。

祝融与炎帝有无关系呢？答案是肯定的。这在一定程度上，说明我们祖先对于火的重视。单班固《白虎通义》引用的两种三皇说，就有两个火神。当然，将神农单列，可能是为了强调其农神身份。可见炎帝的多元身份在早期神话中是占据重要地位的。据《山海经·海内经》记载：

> 炎帝之妻，赤水之子听訞生炎居，炎居生节并，节并生戏器，戏器生祝融。

按照这种说法，祝融是炎帝家族成员。这段记载，至少说明在汉代人们对于祝融与炎帝的家族关系还存在着认同。假如说这位炎帝是古老的帝王，不是神农氏，那这段叙事没有问题。在汉代，人们将祝融视为三皇之一，不会是无来由的。其实，他就是曾经的炎帝之一。研究者认为，祝融氏应该是影响非常大的古神，可能事迹丢失，不然不会赫然列在三皇之中。按照伏羲、神农、祝融三皇说，这其中就有两位炎帝，可见炎帝地位高崇。

武梁祠祝融图像（图1-1）题榜配有文字："祝诵氏无所造为，未有嗜欲，刑罚未施。"这跟伏羲女娲像一样，都是以文字与图像结合，表达主题。对于祝融这样的表述，说他没有什么造为，这好像是令人奇怪的。后人认为祝融的传说有

图 1-1　祝融像，东汉画像石拓片，山东嘉祥武梁祠

此图为山东嘉祥武氏祠西壁画像第二层中华始祖和历代帝王图中右起第二幅拓片，位于伏羲、女娲像左侧。祝融面向右，冠上有两翘，穿短袍，左手向上举，右手在胸前平屈。

淹没的现象。但是，没有刑罚，没有嗜欲，没有造作，这样的无为而治思想，是美好理想，也是汉代社会的主流价值之一。所以排在第二的祝融形象不是无能，而是无为，是黄老道家思想的表现。我们认为祝融是曾经的炎帝，但是在历史上褪去了这个身份，后来专注火神了。在武梁祠西壁的祝融是帝王，是火帝炎帝，地位远远高于后来的火正职官。后来的学者认为，祝融氏传说古老，但是留下来的主要是显赫的火神身份，在一定程度上掩盖了炎帝帝王的身份。①

武梁祠西墙的创世神题榜没有"炎帝"这个概念，只有祝融、神农氏。但是，"黄帝"概念则有。为什么炎帝之名不见于这个图像系列呢？我们认为这是炎帝的复杂身份造成的，武梁祠炎帝的表达主要是称其担负职位的首领名称，而不是抽象的炎帝。在汉代文化中，不同的文化选择也造成了对于炎帝的不同态度和评价。当然这主要是对于担任炎帝的首领的认同存在差异造成的。简单说，由于蚩尤接替神农氏之位，甚至是一定程度上抢夺了神农氏的炎帝之位，自己担当炎帝之职，这一行为可能并没有被所有的联盟成员所认同，同样，神农氏也不能接受这一改变。于是就有神农氏联合轩辕氏，形成众多的联盟成员联军打败炎帝蚩尤氏的战争。战争结束，轩辕氏替代了神农氏，重新建立了联盟。轩辕氏担任了首领，首领称为黄帝，结束了炎帝的时代。所以，为了区分不同的炎帝，古人选择了使用炎帝首领的氏族名的称谓。祝融氏、神农氏、蚩尤氏便成为炎帝的代表，而炎帝的称谓就在一定场合下没有单独使用，这主要原因是最后一位炎帝是蚩尤氏，但是很多人不认同他，但是这改变不了他曾经是炎帝的事实。知道这个历史的人们，如果不认同蚩尤，就不大愿意使用炎帝的称谓了。

其实黄帝的首领集团也是复杂的，如，有熊氏、缙云氏、帝鸿氏、帝轩氏。为什么黄帝主要不称氏族名，而直接称黄帝呢？在汉代，起初是崇拜赤帝炎帝的，在刘邦的老家，刘邦造反，祭祀了黄帝和蚩尤，这也就是祭祀了黄帝和炎帝。但是汉武帝的时候，整个王朝改为土德，土色黄，整个文化就要崇拜黄帝。所以汉代称黄帝，无论他们是哪一个氏族来担任领袖，都没有问题。为了配合汉代的文化改变，司马迁等人开始了对于炎帝的贬斥，炎帝一度还是一个不好的名

---

① （清）瞿中溶：《汉武梁祠堂画像石刻考》卷一，解读"祝诵氏"即认为祝融大神，事迹有失传。参见民国间吴兴刘氏希古楼刻本。

字。司马迁写作《史记》，一开篇就说炎帝不是好人，"侵凌诸侯"，黄帝率领诸侯联军跟他大战，把炎帝战败了。因为那个炎帝指的是蚩尤，这也就是吕思勉先生说的炎帝、蚩尤是一个人的那个炎帝。后来为了不弄混，便直接称其氏族名，或者炎帝＋氏族的名称，如炎帝神农氏。①

武梁祠西壁的帝王系列，祝融之后便是神农氏，其题榜曰："神农氏因宜教田，辟土种谷，以拯万民。"这是在颂扬其农业开创之功。所以就出现了明显的手执耒耜之形象，并表现其干活的情节。（图1-2）这一形象也恰当地表现了他的农神身份。

这一形象，也成为炎帝最为重要的图像类型之一。神农也是三皇之一。三皇五帝的"三皇"，竟然有两位是炎帝。三皇五帝没有一位是直接以"炎帝"命名的，但我们一定要明白这个道理，这跟黄帝称谓是不一样的。黄帝的名字直接出现在五帝里面。炎帝文化远比黄帝丰富多元，其身份要复杂太多。汉画像另有神农氏图像（图1-3），则是另外一种形象。

这个图像，在徐州铜山县的某汉墓的墓门一侧。人们解释为炎帝采草药的图像，但是没有文字说明，这大概主要是人们根据人物手中所持耒耜而确定。他牵着凤凰，凤凰脚下践草，下方神牛，嘴上有草，人们解释为神农尝百草。与之相对墓门的另外一幅图像，人们解读为黄帝升仙。为什么黄帝是升仙，炎帝就不是？黄帝图像上有太阳与金乌，炎帝这边有月亮和蟾蜍兔子。除了说采草药，说炎帝升仙，也是可以成立的。

神农氏的形象是多元的。就现有的资料看，炎帝还是一位神仙。汉代刘向编《列仙传》，记载的第一位神仙叫赤松子，称是炎帝雨师。《列仙传》这样说："赤松子者，神农时雨师也。服水玉以教神农，能入火自烧。往往至昆仑山上，常止西王母石室中，随风雨上下。炎帝少女追之，亦得仙，俱去。"能够在火里烧不死，因为他本身就是火神。当然这个火神赤松子是管风雨的，犹如火神祝融还是海神，这其中有相生相克的道理。最突出的一件事，是炎帝家的少女跟着去了，成了神仙。所以，臣子是神仙，女儿也是神仙，炎帝也是神仙不足为奇。但是，汉代的文献很

---

① （南宋）罗泌《路史》卷十三后纪四附"蚩尤传"："阪泉氏蚩尤，姜姓，炎帝之裔也……蚩尤产乱，出羊水、登九淖，以伐空桑。逐帝而居于涿鹿，兴封禅，号炎帝。"蚩尤担任炎帝，古籍多有记载。

图 1-2　神农氏像，东汉画像石拓片，山东嘉祥武梁祠

　　此图为山东嘉祥武氏祠西壁第二层"中华始祖和历代帝王图"中第三幅，位于祝融像的左侧。画面上的神农氏头上似戴双角状帽，或有双角状凸起。神农氏面朝右，身体弯曲，手持耒耜，正在耕种。画面左侧隶书题曰："神农氏因宜教田，辟土种谷，以振万民"。

图 1-3 炎帝升仙图，东汉画像石拓片，徐州汉画像石馆藏

炎帝升仙图为苗山汉墓前室南壁门西石刻拓片，该石刻现藏于徐州汉画像石艺术馆，石高 105 厘米，宽 54 厘米，厚 10 厘米，由月轮、炎帝、凤凰、神牛组成。画面右上方为月，其中刻有玉兔和蟾蜍，旁刻头戴斗笠，身披蓑衣，手持农具耒耜的炎帝，炎帝手里牵着一只形似凤凰或孔雀的鸟，画像石下部刻衔草药之牛，牛身上似有双翼。

少直接说炎帝是神仙，而图像表达了，这就是图像叙事的有价值的地方。

汉代画像石还把炎帝与仓颉画在一起（图1-4）。但是仓颉图像下有文字，另一画像，下面文字模糊。

因为与仓颉相对的人手持植物，他们坐在花果植物下，因此这种判断是有道理的。再者，仓颉造字天雨粟之事与农耕相关，所以，这两件相关的事情，与神农氏关系极大。

在汉代，除了早期的炎帝祝融氏，炎帝神农氏，还有一位就是炎帝蚩尤氏。关于蚩尤氏的叙事，吕思勉在对于《史记·五帝本纪》中黄帝与炎帝战争、黄帝与蚩尤战争，以及涿鹿之战、阪泉之战的讨论中指出：炎帝和蚩尤是一个人，阪泉之战和涿鹿之战是一场战争。① 称首领的名称炎帝，与称首领的姓氏蚩尤氏，是一回事，因为那时担当炎帝之职的是蚩尤氏，所以说炎帝指的是蚩尤，说蚩尤也是因为他是炎帝，这就是炎帝、蚩尤为一人的解释。阪泉和涿鹿是一个地方，就是小地名和大地名的关系，犹如说在上海与在浦东，其实都是上海。因此，蚩尤是最后的一任炎帝，尽管当时有的人不认同，但是，炎帝蚩尤氏是历史的事实。到汉代，崇拜蚩尤的还不少，民间有演蚩尤戏，刘邦还在沛县祭祀蚩尤。

《路史·蚩尤传》说："蚩尤姜姓，炎帝之裔也。"又说："蚩尤产乱，出羊水、登九淖，以伐空桑。逐帝而居于涿鹿，兴封禅，号炎帝。"这就是说，蚩尤替代了神农氏族的炎帝榆罔，自己宣称是炎帝。蚩尤善战好战，其突出贡献是制作兵器，传说剑、戟、弩、戈等五兵是蚩尤的发明。黄帝以玉为兵，蚩尤开始冶炼金属为兵器。因此，蚩尤也被尊为战神。

传说蚩尤战败，但是，在今天河北山东一带的很多地方，古来都存在对于蚩尤的崇拜。南朝梁任昉在《述异记》中说："涿鹿今在冀州。有蚩尤神，俗云人身牛蹄，四目六手……秦汉间说，蚩尤氏耳鬓如剑戟，头有角，与轩辕斗，以角抵人，人不能向。今冀州有乐，名'蚩尤戏'，其民三三两两，头戴牛角而相抵。汉造角抵戏，盖其遗制也。"这里记载的秦汉间传说，蚩尤显然是牛首，是牛崇拜的群体，其实也带有炎帝农耕部落的色彩。在汉代画像石里面，就有蚩尤的形象。（图1-5）其形象多是"蚩尤五兵"之像，蚩尤发明创造之像。

---

① 吕思勉：《三皇五帝考》，载《古史辨》第七册（中），上海古籍出版社1982年版，第368页。

图 1-4　仓颉与神农，东汉画像石拓片，山东沂南北寨

　　此画像石 1954 年出土于山东沂南县北寨村将军冢，位于中室南壁东端画像石上段。神农下无榜题，仓颉细刻四目，下有榜题"仓颉"二字，二人相向端坐神树下作亲密交谈状。

图 1-5　蚩尤五兵，东汉画像石拓片，山东沂南

图中蚩尤正面直立，头顶张弩，三矢共一弦，中央一枚最为长厉，张口露齿，胸前两乳，四肢长着长毛，身似披甲，左手持短戟，右手舞铍，两足各持刀剑，身下有盾。

就现有材料，我们知道汉代至少就有炎帝祝融氏、炎帝神农氏、帝蚩尤氏三位炎帝的形象。

（三）魏晋以后的炎帝神话图像

魏晋南北朝到隋唐，其间有丰富的炎帝文化传承。无论是神农氏还是蚩尤氏。那一时代的文献描述了炎帝的相貌。如西晋皇甫谧的《帝王世纪》描述炎帝"人首牛身"，这对后来的炎帝造型产生深刻的影响。

对于历代帝王图像的绘制，唐代画家已开先河，如阎立本的《历代帝王图》。但是这些帝王的绘画是汉代帝王开始的，没有传说时代的三皇五帝。宋代理学兴起，传统复兴，因此对于传统帝王的图像绘制倾注了很多的精力，很多杰出画家加入这一行列，突出者如马麟等。马麟的图画没有完整流传下来，其中伏羲的图像成为后代伏羲图像的转折点。由于炎帝还是医药之神，所以相关图像也是大宗。

大约出自宋代的《历代帝王名臣像》描绘了炎帝神农氏的图像，画面主要表现神农尝百草的场景。后来的炎帝图像中，炎帝基本上就是以尝百草为主的造型。无论是辽代的图像，还是明清图像，都以尝百草为主体。到了现代，这种尝百草的图像，与手持谷粟的形象并行起来，体现了他在农业和医药两个方面的重要贡献。

在历史上，炎帝神农氏的图像主要是在画像石上，此后主要在壁画和刻印本上，明清通俗小说，文字叙事培养插图，这也是炎帝及其其他创世神像传播的主要载体。现代则有更多的雕塑与壁画，以及多媒体形式。

关于炎帝在各地的传说与图像传播，我们也要予以关注。炎帝神农氏的空间分布主要在陕西宝鸡，山西高平、长治，湖北随州，湖南炎陵等地区。河南、河北等地也有炎帝的传承地与丰富的图像遗存。河南商丘号称炎帝朱襄氏之陵。在台湾地区，炎帝的庙宇与塑像也在传承丰富的炎帝图像。

但是，作为炎帝的图像，我们不仅要关注神农氏，至少我们还要关注蚩尤氏和祝融氏。他们都是炎帝的代表。蚩尤氏后来到南方发展，主要由苗蛮各族传承其图像。同时，在中原与东南地区，蚩尤也被崇拜。秦末刘邦起义，当时的沛县城就有蚩尤祭坛，那里应该也有蚩尤画像。牛首持兵器的图像是汉代蚩尤的标准像。除了汉画像的蚩尤像，苗族地区的蚩尤神像，还有近年河北的"中华三祖祠"中的蚩尤像。炎帝蚩尤氏画像，是炎帝图像的重要构成。

炎帝祝融氏是不可忽视的炎帝大神，我们在汉画像里见到了他的模糊图像。在东汉武梁祠的汉画像石里，祝融氏排在第二位，为三皇之一。有人认为，祝融氏在远古时代可能地位更高，相关神话传说可能有些失传了。但是就是后来的大量资料，也证明祝融氏非同寻常的地位。《山海经》认为祝融氏是炎帝的后代。我们把炎帝视为一个尊号，火神炎帝是包括祝融在内的共同称号，这样的表达也并没有降低祝融氏的地位，反倒证明了祝融的炎帝身份。

祝融在古代的描述中是夏日之神，如《礼记·月令》说，孟夏之月，"其帝炎帝，其神祝融"。这两者是什么关系呢？炎帝是火神，祝融也是火神。这不是两个神吗？其实是一个，炎帝是名号，而祝融是担当炎帝的神。火神炎帝，由好

图 1-6　南方祝融，明代版画，《山海经》插图

《山海经·海外南经》载："南方祝融，兽身人面，乘两龙。"此图表现了祝融的形象。

多神和首领担任。比如农耕之神和医疗之神的神农氏也是炎帝。刀耕火种、火灸火疗，都需要火。祝融氏是专职的火神，所以夏日由其主管。春日之帝是太昊，其神是句芒。太昊是木帝，伏羲氏是担任太昊的影响最大的一个领袖。句芒也是木神，主管春季。由此我们就理解了，为什么在汉代的图像里，祝融的排位那么靠前。

祝融的图像从上古时代的"南方祝融，兽身人面，乘两龙"（《山海经·海外南经》）这样的神灵图像，到帝王图像，一直并行发展，一度帝王之像占据主流地位。但是到了明清时期，雕版印刷术流行，在《山海经》这样的图书插图中，祝融"乘两龙"，浑身火焰的图像大盛行。于是，乘两龙的祝融神像便与作为南方之神的帝王形象并行。

炎帝的形象看起来高高在上，不是帝王就是地方大神，但是也有亲民的，那就是每个家庭都存在的灶神。《淮南子·氾论》："炎帝作火，死而为灶。"孔颖达《礼记·礼器疏》："颛顼有子曰黎，为祝融，祀以为灶神。"这个炎帝即火神祝融氏，而不是那个发明农业和医药的神农氏炎帝。灶神与民俗深度融合，演化成为丰富的炎帝图像形态。当然，并不是所有的灶神都是祝融，因为灶神从先秦一直到近现代，两千多年的历史中，其形象必然千姿百态。

炎帝图像的历史进程中，有着远比其他创世神复杂的形态。这主要表现为炎帝不止一位，而是一个群体，形成一个文化图像谱系。炎帝的身份也十分复杂丰富。同时，炎帝图像的载体也十分多样化，不仅有雕塑，壁画，古今还有很多的印刷品，这些都为炎帝文化传承起到重要的促进作用。

二、炎帝创世神话图像的内容类型及其关系谱系

炎帝神话与炎帝图像存在着密切的关联。那么炎帝图像表现了炎帝神话的哪些内容呢？古籍记载的炎帝神话的语言形态与图像形态存在某些关联。语言记载在很大程度上描述了炎帝的形态。作为语言形态的叙事，是图像叙事的依据。

（一）炎帝出生于姜姓部落的神话及其图像

炎帝作为中华民族的始祖，不是指某一个人，而是一个首领的称谓。担任该

首领的各部落中，姜姓是其中突出的一个部落，所以我们重点关注姜炎图像。上古时期人们聚族而居，姜姓部落因善于用火，其首领便被称为"炎帝"，因而炎帝实则为上古时期姜姓部落首领的称谓。那么姜姓有何特征呢？

王符《潜夫论·五德志》："有神龙首出常羊，感任姒，生赤帝魁隗。身号炎帝，世号神农，代伏羲氏。其德火纪，故为火师而火名。"《国语·晋语》载："黄帝以姬水成，炎帝以姜水成。成而异德，故黄帝为姬，炎帝为姜。"这里明确指出，炎帝姓姜。

《左传·昭公十七年》："昔者黄帝氏以云纪，故为云师而云名；炎帝氏以火纪，故为火师而火名。"《古史考》曰："炎帝有火应，故置官师皆以火为名。"

炎帝部落发展壮大，在位统治五百多年。据《帝王世纪》记载，炎帝有八代，第一代炎帝后有帝临魁、帝承、帝明、帝直、帝来、帝衰、帝榆罔。其中，神农氏是影响最广的一位炎帝。这个大名鼎鼎的神农氏姓什么呢？原来他就姓姜。

皇甫谧《帝王世纪》曰："炎帝神农氏，姜姓也。母曰妊姒，有蟜氏之女，名女登，为少典正妃。游于华阳，有神龙首感女登于常羊，生炎帝。人身牛首，长于姜水，有圣德，继无怀氏后，以火承木，位在南方，主夏，故谓之炎帝。"这段文字，描述了姜姓炎帝的形貌，即"人身牛首"。这个特征鲜明的描述对于后代的炎帝图像塑造产生了深远的影响。现代很多的炎帝雕塑，炎帝形貌都有明显的牛角特征。

同时，人们也认为，炎帝姜姓也是崇拜羊的部落。据说，炎帝母亲生炎帝于常羊山，就是羊头山。而汉字"姜"的"羊"头，明显表明了其崇拜羊的身份。所以有人甚至就此认为，中华民族是"羊的传人"。①羊的形象在商周时期的青铜器中很多见，这些器具都是羊崇拜的重要证据。其中最著名的要数藏于中国国家历史博物馆的商代四羊方尊，北京保利博物馆收藏的商代羊首铜铲和西周木羊簋也具有一定的代表性。

在山西、陕西传说有常羊山的地方，炎帝的头像图像，往往是羊角之形。牛头炎帝、羊头炎帝，都是姜姓炎帝的图腾。姜姓炎帝有哪些重要的神话呢？

---

① 黄杨：《中华民族是"羊的传人"——申论古代中国"羊文化"的历史存在》，《华侨大学学报》2005年第3期。

图 1-7 羊首铜铲（局部），商代青铜器，北京保利博物馆藏 ①

此青铜铲出土于一商代中期的大型贵族墓中，胎体厚重，保存完好。铲体呈半圆形，柄为长条形，装饰龙目纹。铲顶有一弯角羊首，羊角旋转并翘起。此器虽然以生产工具形式出现，但可能依然是一件礼器，并表达了羊崇拜的含义。

图 1-8 木羊簋，西周青铜器，北京保利博物馆藏 ②

木羊簋为一对，无盖敛口，簋口沿下饰斜角雷纹带，中央有小兽首，鼓腹，双耳上有兽首，低圈足。内底有铭文九字，包括署名"木羊"，应为器主之族氏。"木羊"说明此氏族崇拜羊。

----

①② 此图由毕旭玲摄。

1. 炎帝出生神话

从怀孕到降生，炎帝神农氏的出生带有着非常明显的传奇色彩。古代的文献对此有较为详细的记载。《帝王世纪》云："炎帝神农氏，姜姓也。母曰任姒，有蟜氏之女，名女登，为少典正妃。游于华山之阳，有神龙首感女登于常羊山，生炎帝，人身牛首。"这段记载的意义在于讲述了姜姓炎帝的身世。他的母亲叫女登，生炎帝于常羊山。关于女登，在今天的山西宝鸡的凤翔一带，有着丰富的关于女登的传说。据说女登一族是养蜂为生的，但是生下来的炎帝神农氏农耕，刀耕火种，经常烧荒，这样，母亲就率领养蜂的族人离开了。神农氏四处寻找，打着火把。多少年以后，在凤翔的槐原一带找到了母亲女登。女登因为年岁已高，不愿跟着神农氏到常羊山去。炎帝于是在每年的正月二十五打着火把来看望母亲，于是，世代相传形成了排灯节。这个故事还讲了女登是感神龙而生神农，所以炎帝与龙文化形成嫡传的关系。

清代徐文靖《竹书统笺》："少典之君，娶有蟜氏之女，曰安登，生神农。三日而能言，七日而齿具，三岁而知稼穑。"这是讲述神农氏的神奇出生和不凡的本领。因为神农氏的发明创造很多，所以关于神农氏的不同凡响的能力的传说就很多。《绎史》引《春秋元命苞》说："神农生三辰而能言，五日而能行，七朝而齿具，三岁而知稼穑般戏之事。"这样的表达，有点让人觉得，他的稼穑之功是天生的一样。

原始社会时期人们对于生育机制的不了解，导致人们用感生神话来解释生育。"天地感而万物化生"，在神话中，作为始祖的炎帝，其母亲正是受到神龙的感应而怀上了炎帝。在中国古代，"龙"象征着帝王，炎帝母亲受"神龙"感应而怀孕，钟宗宪认为这可以理解成是为表明炎帝地位的说法[1]。而炎帝出生的神话中，关于炎帝的母亲身份的描述很多，炎帝父亲的记载却很少，这是母系氏族社会"只知其母不知其父"的反映。

2. 炎帝神农氏创五谷神话

炎帝是中华农耕文明的开创者，是中华民族的农业之神。不少文献都记载了炎帝创五谷、发明耒耜，教民稼穑的故事。

---

[1] 钟宗宪：《炎帝神农信仰》，学苑出版社 1994 年版，第 72 页。

而炎帝出生就"人身牛首"。清代《绎史》卷四引《帝王世纪》："炎帝神农氏，人身牛首。""人身牛首"清楚地表明了炎帝神农与农业的关联。牛在农业社会是重要的生产工具，在炎帝部落中，牛是部落的图腾，作为一位对部落发展具有重大贡献的首领部落，图腾便反映在其形象当中。现代许多炎帝的塑像都采用这一说法，炎帝的头上是两个牛角，这就是炎帝图像的重要标识。

北魏《水经注·潕水》："神农既诞，九井自穿，汲一井则众水动。"这都是与炎帝相关的。我们知道，井不仅与生活相关，也与生产相关。炎帝出生时，当地的九口井在没有借助任何外力的情况下互相贯通。在其中任何一口井里打水，其他的井水都会跟着波动。农耕离不开水源，充足的水源是农业发展重要的前提，炎帝带领人们打井取水来灌溉农作物。不论是牛首人身还是九井自穿的情节，都与炎帝农业神的身份分不开。

春秋时期的《国语·鲁语上》："昔烈山氏之有天下也，其子曰柱，能植百谷百蔬。夏之兴也，周弃继之，故祀以为稷。"《吕氏春秋·季夏纪》高诱注："昔炎帝神农能殖嘉谷，神而化之，号为神农"。这都是说，神农氏是农业种植的发明人。

这些记载在后来的文献里面都延续这种叙事。

西晋皇甫谧撰写的《帝王世纪》："炎帝神农氏，姜姓也……作耒耜，始教民耕农。尝别草木，令人食谷，以代牺牲（包牺）之命，故号神农。"

《太平御览》卷七十八引贾谊的《新书》："神农以为走禽难以久养民，乃求可食之物，尝百草实，察咸苦之味，教民食谷。"

炎帝神农氏为了生存和发展，发明了五谷，人们从此从狩猎时代进入了农耕时代。这些记载都表示，炎帝神农氏时代的人们已经学会人工种植野生谷物了。

创五谷的情节，也有不同的说法。一说是"天降嘉禾"，天空中突然降落了谷物，于是炎帝开始带领人们种植。另一种说法是"鸟衔九穗谷"，天空中飞来一只全身通红的鸟儿，嘴里衔着一颗五彩的九穗谷粒。当鸟儿飞过炎帝神农氏的头顶时，九穗谷掉在了地上。炎帝见状，捡起来，觉得可以食用，就把籽搓下来，从此开始种植。所以东晋王嘉《拾遗记》卷一说："（炎帝）时有丹雀衔九穗禾，其坠地者，帝乃拾之，以植于田，食者老而不死。"① 这是将农业的发明神圣

---

① （前秦）王嘉：《拾遗记》卷一，载文渊阁《四库全书》第 1042 册，0314a 页。

化了。

在民间，这种传说也在不同的地区流传。关于五谷来源的情节都具有传奇色彩，同样，在陕西宝鸡地区，民间流传炎帝获得的五谷是玉皇大帝派来的神鸟送来的。炎帝创制耒耜、教民稼穑的精神感动了玉皇大帝，于是玉皇大帝便派了一只神鸟，带上谷种，降临人间，把种子撒在炎帝部落开垦过的土地上，嘴里不停地喊着："布谷！布谷！"提醒人们适时播种。

而在山西高平地区，与这类带有传奇色彩的情节不同的是，炎帝在获得嘉谷之后，就开辟了一块"五谷畦"，教民殖五谷百蔬，推而广之，使当地人民都吃上了五谷粮食，显示出炎帝及其部落发奋图强、相信人定胜天的英雄气概。

农业的发展不仅需要谷物，还需要农业工具。炎帝作为农业神，不仅发明了五谷，还发明了耒耜。传说耒耜是炎帝受野猪拱土的启发而发明，由一根尖头木棍加上一段短横梁组成，使用时把尖头插入土壤，然后用脚踩横梁使木棍深入，将土翻出。使用耒耜来翻整土地、种植庄稼，大大地提高了农耕的效率，也使得谷子的收成有了保证。耒耜是原始人类从刀耕火种到精细耕作的重要工具，耒耜的发明，代表着我国原始初民走向了文明时代。

《周易·系辞下》："包牺氏没，神农氏作，斫木为耜，揉木为耒，耒耨之利，以教天下，盖取诸益。"这是在强调神农氏的工具制造的贡献。

班固《白虎通义·卷一·号》："古之人民皆食禽兽肉，至于神农，人民众多，禽兽不足。于是神农因天之时，分地之利，制耒耜，教民农作。神而化之，使民宜之，故谓之神农也。"相对于尝五谷、种植百谷的贡献，人们更为看重其对于工具创造的贡献。

在民间，炎帝作为"田祖""土地神"多有出现。郑玄注《礼记》云："土神曰神农者，以其言稼穑"，又说："田祖，始耕者，谓之神农也。"炎帝神农氏因创制五谷、发明耒耜、教民稼穑的传说而被作为农神、田祖祭祀。

炎帝神农氏在农业方面的贡献在其图像中有生动的表现。首先是其执耒耜的形象。从汉代画像石最初的形象看，炎帝神农氏就是就是一位执耒耜的农作者。同时，也有神农手执五谷谷穗，或者嘴尝五谷的形象。这是炎帝神农氏作为农神最为鲜明的特征之一。

3. 神农尝百草神话

"神农尝百草"是关于炎帝神农氏最广为人知的故事，也是炎帝精神最重要的一部分。传说炎帝神农氏为人们寻找治病良药，遍尝百草，其辨药治病的经验写就了我国古代最早的医药学著作——《神农本草经》，其中记载了三百六十五味中药的性能，至今仍发挥着很大作用。

《淮南子·修务》记载："古者民茹草饮水，采树木之实，食蠃蚌之肉。时多疾病毒伤之害，于是神农乃始教民播种五谷，相土地宜，燥湿肥墝高下，尝百草之滋味，水泉之甘苦，令民知所避就。"尝百草不仅仅是识别草药，还是对于整个植物属性的认识，将这些知识告诉老百姓，主要是为了趋利避害，防止中毒。这样，人们的生命安全就有了一定的保障。

明代周游《开辟衍绎》第十八回末王子承《释疑》云："后世传言神农乃玲

图 1-9　石药兽，民国，成都中医药大学医史博物馆藏

相传，有白民氏族之人向神农氏敬献了一只似狮类狗的药兽，可以辨识药草，为神农氏治疗疾病提供了不少帮助。

珑玉体，能见其肺肝五脏，此实事也。"这是一种神话的表述，似乎神农氏身体有特异功能，什么样的植物吃下去都可以看到五脏六腑的反应，因此他能够识别药性。

在湖北神农架林区，与此类似的说法是，炎帝有一只石狮子，是妻子怀胎十二月所生，炎帝取名"药兽"，药兽替父亲尝百草，每尝一种药草，药草的汁水就通一根经络，治一种病，寒热温平分得一清二楚，寒是白色，热是紫色，虚弱是灰色。当地传说从前每个中药店里的柜台上都会供着一个陶器黑狮子，有的叫獐狮、獐鼠，有的叫药兽。药谚说：药不过獐狮不灵。这也是对于神农氏发明医药的神话解释。开始是说神奇的身体对于植物的感知，后来是神兽对于药物的感知。

神物感知植物药性，是更为流行的说法。在湖北神农架林区的传说，炎帝神农氏有一件宝物叫做赭鞭，赭鞭是一条红褐色的神鞭。鞭打在植物上，植物便会呈现不同的颜色。如果植物变成了蓝色，那么说明它是寒性的，如果变成了橘色，那么则是热性的，如果变成了红色，那就说明这种植物有毒。

《搜神记》卷一："神农以赭鞭鞭百草，尽知其平毒寒温之性。"《本草图经序》记载："昔神农尝百草之滋味，以救万民之疾苦，后世师祖，由是本草之学兴焉。"不论是通过透明的身体查看植物在五脏六腑中如何作用，还是通过透明的石狮子或者赭鞭来判断植物的药性，其背后的逻辑都显示出炎帝具有不同于常人的特异功能，因而能够作出不同凡响的贡献。

各地也有关于神农神鞭的传说。《述异记》卷下记载了神农鞭药的场所："太原神釜冈中，有神农尝药之鼎存焉。成阳山中，有神农鞭药处，一名神农，亦名药草山。山上紫阳观，世传神农于此辨百药，中有千年龙脑。"如同神农发明五谷生产，有耒耜工具创造一样，医药创造也有工具，既有具有神话性质的赭鞭，也有煮药的鼎。

炎帝神农氏尝草辨药性，非常艰辛，历史中多记载炎帝尝药甚至一天内中毒七十次。《淮南子·修务》："当此之时，一日而遇七十毒。"宋代郑樵的《通志》讲：神农尝百药之时，"……皆口尝而身试之，一日之间而遇七十毒……其所得三百六十物……后世承传为书，谓之《神农本草》。"宋代罗泌《路史》：炎帝神农氏"磨唇鞭茇，察色嗅，尝草木而正名之。审其平毒，旌其燥寒，察其畏恶，辨其臣使……一日之间而七十毒，极含气也……药正三百六十有五。"这些都是人们对于神农氏医药发明的重要贡献的传说，表达怀念之情。

尝草药历经多次险情。炎帝在尝草时，还发现了"茶"，因而能多次转危为安。湖北省神农架一带流传有山歌："茶树本是神农栽，朵朵白花夜间开。栽时不畏云和雾，长时不怕风雨来。嫩叶做茶解百毒，每家每户都喜爱。"所以炎帝神农氏是茶神。

炎帝尝药积累了辨药治病的很多经验，最终尝草不幸身亡。而关于所尝物，一说是百足虫，另一说是断肠草，反正都是中毒了。炎帝为寻得治病方法，遍尝百草，最终不幸牺牲。炎帝的牺牲奉献精神为人们不断怀念。

关于炎帝神农氏在医药方面的贡献在图像方面的表现是十分鲜明的。其主要形象是尝草药。明代以来的炎帝形象，几乎都是神农尝百草的形象。从这个层面看，炎帝神农氏就成为药神的代表人物，所以很多的药店，还有医坊都有悬挂炎帝神农氏的图像，这是炎帝神农氏以火神身份作为帝王、农神之外的又一重要身份：药神。

4. 神农的其他贡献神话

炎帝还有更多的身份。

炎帝织麻为布，制作衣裳；首辟市场，互通有无。台榭而居，烧陶为器；弦木为弧，剡木为矢；削桐为琴，练丝为弦。

《周易·系辞下》："古者……包牺氏没，神农氏作，……日中为市，致天下之民，聚天下之货，交易而退，各得其所……"这是在讲述其创造市场交易的贡献。炎帝不仅是农神，还是商业交易的财富之神。

《逸周书·佚文》："神农耕而作陶。"又说："神农作瓦器。"炎帝作陶，也说明其在手工业上的贡献。这与其火神身份密切关联着，有火才可陶冶。

战国《世本·作篇》："神农作琴。神农氏琴长三尺六寸六分，上有五弦，曰宫、商、角、徵、羽。"这就是说，炎帝也是音乐的创造者。

《皇王大纪·五帝纪》："神农知天地之道……治其丝麻为之布帛……为台榭而居。"炎帝发明居室住所，发明种植服饰材料。

这些神话传说，将诸多经济、文化、艺术等方面的发明归于炎帝。炎帝创五谷、教民稼穑，使人们学会种植，改变了人类的生活和生产方式，因此与此相关的发明制作都被归集到炎帝身上，但此类发明却又都始终围绕着其农业神与医药神的核心身份。

总之，炎帝因为发明创造而具有丰富的文化身份。炎帝的传世图像，也主要聚焦于火神、帝王、农神、医药神这几个大的方面。

（二）炎帝的家族神话及其图像

炎帝是一个帝王神灵的称谓，许多氏族担任过炎帝的职务。其中贡献最大的是神农氏家族。唐司马贞《补史记·三皇本纪》整理记载为："神农本起烈山。故左氏称，烈山氏之子曰柱，亦曰厉山氏。礼曰厉山氏之有天下，是也。神农纳奔水氏之女曰听詙为妃。生帝魁，魁生帝承，承生帝明，明生帝直，直生帝氂，氂生帝哀，哀生帝克，克生帝榆罔。凡八代，五百三十年。"这里加上神农氏第一代，应该是九代。但是炎帝远不止这一家族担任过首领之职务，我们知道至少还有炎帝祝融氏、炎帝蚩尤氏。炎帝的时代是一个漫长的时代。但毫无疑问，炎帝神农氏所领导的时代，是贡献最大的时代。

炎帝神农氏的家族，也留下了丰富的神话。关于其家庭的神话传说也有很多，包括炎帝的父亲、母亲、妻子、儿女及后代。

炎帝时代为母系社会，因此史料中多记载关于其母亲的描述。关于其父族和母族，一般说是少典氏和有蟜氏。《国语·晋语》这样说："昔少典氏娶于有蟜氏，生黄帝、炎帝。黄帝以姬水成，炎帝以姜水成，成而异德，故黄帝为姬，炎帝为姜。"这也就是普遍认同的姜炎家族。至于父族少典氏是什么族，大家都不是很清楚了。有人说是"氏"族，是鸟族。

炎帝的母亲名为女登，是有蟜氏的女子。炎帝的父亲记载较少，名为少典，也是在描述其母亲时候提到，皇甫谧《帝王世纪》："炎帝神农氏，姜姓也，母曰任姒，有蟜氏女，名女登。为少典妃。游于华阳，有神龙首感女登于常羊，生炎帝，人身牛首，长于姜水，有圣德。"这样就跟前面我们提到的"姜姓炎帝"联系到一起了。有蟜氏是何种氏族呢？一种说法就是女娲族，那就是"蛙"崇拜群体。一种说法是蜜蜂家族。民间传说炎帝母亲是养蜂的，因为神农搞农业，烧荒，不利于养蜂，所以母子分离了。

相传炎帝有四个女儿。其中一个女儿没有姓名，记载为炎帝"少女"，追随仙人赤松子升仙而去。赤松子能跳入大火中脱胎换骨成仙人。《列仙传》卷上：

"赤松子，神农时为雨师，服水玉（《搜神记》作'冰玉散'）以教神农，能入火自烧。往往至昆仑山上，常止西王母石室中，随风雨上下。炎帝少女追之，亦得仙俱去。"这应该是炎帝族与松柏族的关系的写照。

而另一个女儿"赤帝女"学道成仙，住在桑树上筑巢，筑好之后不肯下来，被炎帝用火焚烧所逼最终火化登仙。《太平御览》卷九二一引《广异记》："南方赤帝女学道得仙，居南阳愕山桑树上。正月一日衔柴作巢，至十五日成，或作白鹊，或女人。赤帝见之悲恸，诱之不得，以火焚之，女即升天。因名帝女桑。"这两个女儿成仙的故事都与"火"有关，可能与炎帝"火"神的身份相符。同时，"白鹊"鸟族，也与太阳神鸟有关系。"桑"为太阳降落栖息之所。所以这个赤帝女，就是一位货真价实的火神炎帝家族成员。帝女桑的故事在《山海经》也有记载，《山海经·中山经》："（宣山）其上有桑焉，大五十尺，其枝四衢，其叶大尺馀，赤理黄华青树，名曰'帝女之桑'"。

炎帝的小女儿名叫瑶姬，刚到了出嫁的年龄却夭折了。于是瑶姬便变成了一颗瑶草。天帝封她为巫山的云雨之神，因此瑶姬也成"巫山之女"。《文选·高唐赋》李善注引用《襄阳耆旧传》曰："赤帝女曰瑶姬，未行而卒，葬于巫山之阳，故曰巫山之女。"巫山神女知名度很高，巫山神女故事往往成为浪漫故事的叙事。

炎帝的另一个小女儿女娃，因在东海游玩遇到风涛而被淹死，死后灵魂化作一只鸟名为"精卫"，不断衔着石子、树枝投入海中，想把海填平。《山海经·北次三经》："又北二百里曰发鸠之山，其上多拓木。有鸟焉，其状如鸟，文首、白喙、赤足，名曰精卫。其名自詨，是炎帝之少女，名曰女娃。女娃游于东海，溺而不返，故为精卫，常衔西山之木石以堙于东海。"这就是著名的精卫填海的故事，女主角就是炎帝少女女娃。"精卫填海"的故事讲述着精卫锲而不舍的精神，精卫填海的故事是炎帝部落以精卫鸟来表达自身虽然失败后仍坚持的精神①。

从以上炎帝四个女儿的故事中，都可以看到其坚持不懈、坚持理想的特点，与炎帝精神是相符的。他们的身上都有明显的炎帝文化特征。但是这些女儿都有明显的神仙特点，显示出炎帝文化的发展。

---

① 田兆元：《神话文本研究方法探索：多元的要素扩展分析法》，《长江大学学报（社会科学版）》2007年第5期。

关于炎帝儿子，这里仅仅讨论其直系的儿子。炎帝的儿子最著名的应该是稷神，又称柱，或者农。《国语·鲁语上》云："昔烈山氏之有天下也，其子曰柱，能植百谷百蔬。夏之兴也，周弃继之，故祀以为稷。"这是继承了炎帝农业生产的衣钵，稷本为农耕种植粮食之一种，管理土地农业之官田正为稷，后来农神也为稷，就像火神为祝融一样。周代的祖先担任过田正之职，所以稷也是周代祖先。《左传·昭公二十九年》载："有烈山氏之子曰柱，为稷。"烈山氏是神农氏的不同的称谓，因为原始农业，刀耕火种，有烧山辟荒之举，所以叫烈山氏，也叫厉山氏。《礼记·祭法》则称："厉山氏之有天下也，其子曰农，能植百谷。"这里称农，我们可以理解为对其身份更直白的描述。

其他古籍记载的炎帝的后代，最著名的有共工、祝融等。这些都只是说明这些重要的氏族首领与炎帝族存在密切关系。

（三）炎帝祭祀历史及其图像

炎帝被尊为农业神和医药神，炎帝作为祖先神，历代受到人们的祭祀和敬仰。有关炎帝的祭祀，最早记载见于西汉司马迁《史记·封禅书》："秦灵公作吴阳上畤，祭黄帝；作下畤，祭炎帝。"这说明在战国时期官方开始祭祀炎帝。

但传说中还有更早的时代就有祭祀了。《左传·昭公二十九年》记载："有烈山氏之子曰柱，为稷，自夏以上祀之；周弃亦为稷，自商以来祀之。"炎帝的儿子在夏代就被祭祀了，这说明自夏商开始人们就祭祀炎帝了。秦代祭祀白、青、黄、赤四帝，汉代增祀黑帝。赤帝即为炎帝。魏晋之后，历代皆祭祀炎帝。唐代设立三皇庙，明清建历代帝王庙，炎帝为三皇之一。

历代关于炎帝的祭祀主要有三种类型：作为帝王被祭祀的帝王庙祭，作为农业神被祭祀的蜡祭、先农坛祭，以及作为医药神被祭祀的先医庙祭和医家的供奉祭拜。

作为帝王神灵，从先秦到南北朝时期，三皇五帝被不同程度地纳入有功则祭，以及天地祭祀的配祀。隋唐则开始成为相对独立的"圣王"祭祀，以及天神自然神相结合的祭祀。唐《开元礼》中，炎帝与祝融成为南方的神灵、夏天的神灵之主。这两者是合在一起的，即"立夏祀赤帝于南郊"。宋代延续其礼，三皇五帝"先代帝王"的高等级不变。元代于国都及地方"通祀三皇"："三皇开天立极，泽流万世"，"命祭三皇如孔子礼，遣中书省臣代祀"。明初相沿，后罢祀，而于国都另建历代帝王庙，以三皇居中。明代还寻访到炎帝的南方陵墓，即今湖南的炎陵县举行祭祀。清代延续未变，但于传心殿增加祭祀。总之，炎帝神农作为三皇之一，在祭祀中享有崇高的地位，也是中华民族"炎黄子孙"的历史见证。

这些祭祀活动的三皇五帝，多以牌位替代圣像，也是圣像的一种形式。

炎帝农神祭祀。从先秦开始，中国人就开始祭祀农神。文献记载那时祭祀神农或其子农，稷。同时蜡祭也是重要的农业祭祀。蜡祭源于田间祭祀田神，始于伊耆氏。《礼记·郊特牲》："天子大蜡八，伊耆氏始为蜡。蜡也者，索也。岁十二月，合聚万物，而索飨之也。蜡之祭也，主先啬而祭司啬也，祭百种，以报啬也。飨农及邮表畷、禽兽，仁之至，义之尽也。古之君子，使之必报之。"

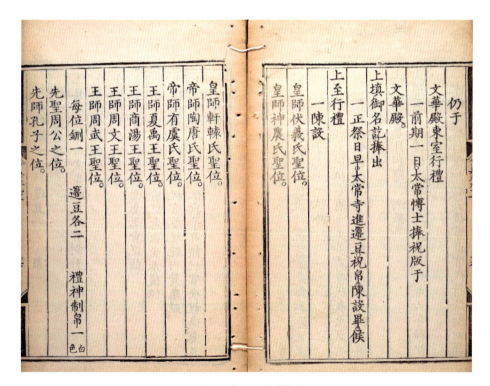

图 1-10　书影，《大明会典》卷九十一

《大明会典》卷九十一中有"皇师神农氏圣位"的记录，表明牌位也是一种圣像。

这个发明蜡祭的伊耆氏是谁呢？古人一说是帝尧，一说伊耆氏就是神农氏。后来人们明白了，帝尧是神农氏炎帝的后人，所以都是伊耆氏古老的氏族姓氏。就像神农氏儿子柱为稷神，后来周代祖先弃也是稷神。这就是说，本来是神农氏创立的农业祭祀，即回报酬神仪式，后来也演变成为对于神农氏本身的祭祀。今天的腊八节，其源头也在这里。

蜡祭具有巫术特性，酬报特性。"迎猫，为其食田鼠也；迎虎，为其食田豕也，迎而祭之也。祭坊与水庸，事也。"这是酬报，酬报猫与老虎的功劳。蜡辞曰："土反其宅，水归其壑，昆虫毋作，草木归其泽。"这是具有巫术性质的表达，希望水土平安，不发生蝗灾之类的自然灾害。

《隋书》卷七记录了历代炎帝祭祀的情形：

> 昔伊耆氏始为蜡。蜡者，索也。古之君子，使人必报之。故周法，以岁十二月，合聚万物而索飨之。仁之至，义之尽也。其祭法，四方各自祭之。若不成之方，则阙而不祭。

> 后周亦存其典，常以十一月，祭神农氏、伊耆氏、后稷氏、田畯、鳞、羽、臝、毛、介、水、墉、坊、邮、表、畷、兽、猫之神于五郊。五方上帝、地祇、五星、列宿、苍龙、朱雀、白兽、玄武、五人帝、五官之神、岳镇海渎、山林川泽、丘陵坟衍原隰，各分其方，合祭之。日月，五方皆祭之。上帝、地祇、神农、伊耆、人帝于坛上，南郊则以神农既蜡，无其祀。三辰七宿则为小坛于其侧，岳镇海渎、山林川泽、丘陵坟衍原隰，则各为坎，余则于平地。

> 皇帝初献上帝、地祇、神农、伊耆及人帝；冢宰亚献；宗伯终献。上大夫献三辰、五官、后稷、田畯、岳镇海渎，中大夫献七宿、山林川泽已下。自天帝、人帝、田畯、羽、毛之类，牲币玉帛皆从燎；地祇、邮、表、畷之类，皆从埋。祭毕，皇帝如南郊便殿至斋，明日乃蜡祭于南郊，如东郊仪。祭讫，又如黄郊便殿致斋，明日乃祭。祭讫，又如西郊便殿，明日乃祭。祭讫，又如北郊便殿，明日蜡祭讫，还宫。

> 隋初因周制，定令亦以孟冬下亥蜡百神，腊宗庙，祭社稷。其方不熟，则阙其方之蜡焉。

又以仲冬祭名源川泽于北郊，用一太牢。祭井于社宫，用一少牢。季冬藏冰，仲春开冰，并用黑牡秬黍，于冰室祭司寒神。开冰，加以桃弧棘矢。

开皇四年十一月，诏曰："古称腊者，接也。取新故交接。前周岁首，今之仲冬，建冬之月，称蜡可也。后周用夏后之时，行姬氏之蜡。考诸先代，于义有违。其十月行蜡者停，可以十二月为腊。"于是始革前制。

可见，炎帝神农的祭祀是一个系列，并非神农一人。

神农也称先农。先农坛祭源于籍田祭祀农神，西汉末演变为祭祀炎帝神农氏，相沿至清代。所以神农、先农，有些时候是很难分清楚的。

《元史》卷七十六记载先农之祀，始自世祖至元九年二月，命祭先农如祭社之仪。十四年二月戊辰，祀先农东郊。十五年二月戊午，祀先农，以蒙古胄子代耕籍田。二十一年二月丁亥，又命翰林学士承旨撒里蛮祀先农于籍田。武宗至大三年夏四月，从大司农请，建农、蚕二坛。

这里说的是祭祀先农，但是祝文却是称的神农氏。祝文曰："维某年月日，皇帝敬遣某官，昭告于帝神农氏。"所以先农就是神农，但有时也指后稷。

传心殿祭始于明代，相沿至清代。奉祀皇师伏羲、神农、黄帝，帝师唐尧、虞舜，王师夏禹、商汤、周文王、武王，先圣周公，先师孔子。传心殿是事实上的先代王庙，所以神农氏炎帝在这里被祭祀。

历代祭祀系列中，我们很多只是看到神农氏，不见炎帝称谓，这是因为炎帝系列还包括蚩尤氏等人，大家比较认可神农氏炎帝的缘故。

（四）各地炎帝祭祀仪式与图像

历代官方和民间对炎帝的祭祀都很隆重。除了官方，民间祭祀炎帝也非常活跃。国内炎帝故里、炎帝祭祀之地有多处，其中最著名的有：陕西省宝鸡市、山西省高平市、湖北省随州市、湖南省会同县、湖南省炎陵县。湖南省炎陵县、陕西省宝鸡市和湖北省随州市的炎帝祭典入选国家级民俗类非物质文化遗产名录。

1. 湖南炎陵炎帝陵

湖南炎帝陵位于湖南省株洲市炎陵县（原酃县）城西 17 公里处的鹿原陂（又称白鹿原）。陵墓坐落在鹿原陂西侧。晋《帝王世纪》载：炎帝"在位百二十年而崩，葬长沙"。南宋《路史》载：炎帝殁，"葬长沙茶乡之尾"。1956 年湖南炎帝陵被列为湖南省重点文物保护单位。1994 年经国务院批准，酃县更名炎陵县。

明代朱元璋派人四处访查历代帝王陵寝，发现了在湖南之地的炎帝陵。明洪武四年，朱元璋派人致祭于湖南炎帝陵，其《县志》卷四《炎陵》载：

明洪武四年（1371）遣官国史院编修雷燧致祭，告易代也。其文曰：

"朕生后世，为庶民于草野之间。当有元失驭，天下纷纭，乃乘群雄大乱之秋，集众用武。荷皇天后土眷祐，遂平暴乱，以有天下，主宰庶民，今四年矣。君生上古，继天立极，作蒸民主，神功圣德，垂泽于今。朕典百神之祀，考君陵墓在此，然相去历年久远。朕观经典所载，虽切慕于心，奈秉性之独愚，时有今古，民俗亦异。仰惟神圣，万世所法。特遣官奠祀修陵，圣灵不昧，尚祈鉴纳。"

祭文恳切，表达了朱元璋对于炎帝的诚心。也是因为朱元璋，湖南的炎帝文化得以扩大影响，得到有效传承。

新时期湖南的炎帝祭祀也十分活跃。2000 年清明节致祭炎帝，祭文曰：

维公元二〇〇〇年四月四日，岁逢千禧，节届清明。炎陵县人民政府县长谢高进偕社会各界人士，谨献蔬果雅乐，恭祭中华民族始祖炎帝神农氏于陵前。辞曰：

赫赫始祖，煌煌圣陵，农耕开源，华夏植根。罙罙良耜，俶载良亩；蓁蓁百草，初轫百医；陶作埏埴，麻绩经纬，惟育舞乐，物倡互易。筚路蓝缕，载渴载饥。创世维艰，济民尤辛，丰功峻德，万世模柄。

惟我中华，绵绵瓜瓞，继往开来，井井绳绳。改革开放，拓强邦道路；四个坚持，明立国根本。三代伟人之光，辉映华夏大地；百年强国之志，凝聚民族心声。"两弹一星"威震寰宇，"开发西部"再添国力；"神舟”遨游还返，港澳漂泊复归。炎黄胄裔，翘首东望，期盼祖国，完全统一。

惟我炎陵，文明沁润。三百里热土厚德载物，五千年人文赓续不息，三万碑英烈奠基共和，五十年风貌日新月异。吾辈后昆，重任在膺，效法前贤，取义同仁。富民强县，孜孜以求，抓住机遇，未敢暇逸，勤政谋治，夙夜惟寅。今逢千禧，倍添豪情，遥岑远目，前程似锦。缅怀前烈，高陈心香，恭祈灵贶，福我人民。伏维尚飨，来格来歆。

这样的祭文格局，既是地方的表达，但更是国家话语。

2. 湖北随州炎帝陵

湖北省随州神农故里位于湖北省随州市城北20公里处的厉山镇。唐司马贞补《史记·三皇本纪》：“神农本起烈山，故左氏称烈山氏之子曰柱，亦曰厉山

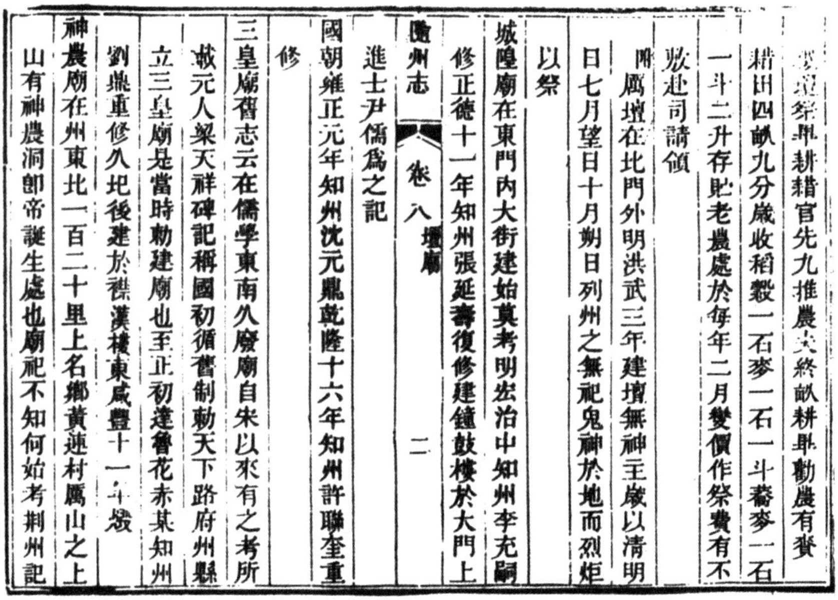
耤壇祭畢耕耤官先九推農夫終畝耕畢勸農有賚
耤田四畝九分歲收稻穀一石麥一石一斗蕎麥一石
一斗二升存貯老農處於每年二月變價作祭費有不
敷赴司請領
厲壇在北門外明洪武三年建壇無神主歲以清明
日七月望日十月朔日列州之無祀鬼神於地而烈炬
以祭
城隍廟在東門內大街建始莫考明宏治中知州李充嗣
修正德十一年知州張延壽復修建鐘鼓樓於大門上
隨州志　卷八　壇廟　二
進士尹儒爲之記
國朝雍正元年知州沈元鼎乾隆十六年知州許聯奎重
修
三皇廟舊志云在儒學東南久廢廟自宋以來有之考所
載元人梁天祥碑記稱國初循舊制勅天下路府州縣
立三皇廟是當時勅建廟也至正初達魯花赤某知州
劉鼎重修久圮後建於禖漢樓東咸豐十一年燬
神農廟在州東北一百二十里上名鄉黃連村厲山之上
山有神農洞即帝誕生處也廟祀不知何始考荆州記

图 1-11　书影，清同治年间《随州志》

同治《随州志》卷八“坛庙”载：“神农庙在东北一百二十里上名乡黄连村厉山之上。山有神农洞，即（炎）帝诞生处也。庙祀不知何始……”

氏。"由于战争频繁，随州炎帝神农遗迹累遭摧毁，现仅存有"炎帝神农氏遗址"碑一方，为明万历丁丑年（公元 1577 年）知州阳存愚所立。

20 世纪 80 年代后期，随州市和厉山镇人民政府主持修复遗址。在厉山镇，民间相传农历四月二十六日为炎帝生辰，当地百姓会前往神农洞烧香，纪念炎帝。

3. 陕西宝鸡炎帝陵

宝鸡位于陕西省关中盆地西部，渭河横贯其中，古称陈仓。相传宝鸡修庙建祠供奉炎帝，始于唐代。据明、清之际的《凤翔府志》和《宝鸡县志》载："神

图 1-12　炎帝祠大殿，宝鸡炎帝陵 ①

陕西宝鸡峪泉村曾建神农祠，于 20 世纪 50 年代被毁，1991 年为弘扬炎帝文化，宝鸡市人民政府易地重建神农祠，并于 1993 年建成后改称炎帝祠。此图为陕西宝鸡炎帝祠大殿，大殿建在 5 米高的台上，顶高 20 米，面阔 30 米，进深17 米。殿门两侧石柱楹联内容为：耒耜劈开天地混沌，嘉禾结出华夏文明。

① 此图由陕西宝鸡炎帝与周秦文化研究会提供。

农庙一在县东郊，一在县南郊九龙泉上。"20世纪50年代中期神农祠毁，当地村民在原址九龙泉旁重修小庙，内塑神农像。民间在此祭祀先祖神农，络绎不绝。1991年宝鸡市人民政府决定易地重建炎帝祠。宝鸡市南5公里处的常羊山传说是炎帝误食断肠草不幸殉难的地方，1993年，常羊山上修建了炎帝陵。由于常羊山是文献较早记载的炎帝的诞生地，所以宝鸡的炎帝陵，被认为是较早的炎帝陵之一。

4. 山西高平炎帝陵

山西高平有多处炎帝遗存遗迹，包括羊头山、炎帝陵、炎帝中庙、炎帝行宫、炎帝寝宫以及各村多处宫庙。炎帝陵，俗称"皇坟"，位于高平市神农镇庄里村南，据《路史》记载："黄帝封炎帝后参卢于潞，守其先茔，以奉神农之祀。"这里的"先茔"，即高平炎帝陵。2014年至2016年，高平市委、市政府筹

图1-13　山门，山西高平炎帝陵①

此图为山西高平炎帝陵山门，是陵区中轴线上的第一个建筑。现炎帝陵建筑群是在原炎帝陵遗址基础上修建，整个建筑群均为木结构，采用晋东南传统祭祀建筑手法和宋代建筑风格以及宋式彩绘风格。

---

① 此图由山西高平炎帝文化研究会提供。

资对高平炎帝陵进行了修复保护。整座炎帝陵建设用地160余亩，建筑面积1万余平方米，共计大小建筑291间，是现在国内祭祀神农炎帝的最大建筑群。2017年5月，高平炎帝陵被国台办授予"海峡两岸交流基地"，被中华炎黄文化研究会授予"神农炎帝文化研究基地"。同年8月，高平神农炎帝文化区被确认为"中国华侨国际文化交流基地"。

高平地区保存比较完好的庙宇有41座，记载炎帝活动的碑刻内容有110多通，反映炎帝活动的地名、村名有20多处。关于炎帝的传说至今依然在高平民间广泛流传，至今还保留有许多有关于炎帝的习俗。当代山西高平祭祀活动始于20世纪90年代。2016年高平市炎帝陵修复后，高平市举办了高规格、大规模的炎帝祭祀活动。

在疫情肆虐的庚子年即2020年，海峡两岸神农炎帝民间拜祖典礼拜祖仪式举行，其祭文曰：

维公元二〇二〇年五月三十日，岁在庚子，闰四月初八，羊山滴翠，丹水长流。中华炎黄文化研究会首席顾问、中共河南省委原书记徐光春，偕同山西省、晋城市、高平市及海峡两岸同胞、海外侨胞心怀至诚，携手线上，谨以三牲五谷、鲜花雅乐之仪，拜祭中华民族人文始祖神农炎帝，其辞曰：

天地玄黄，宇宙洪荒；
万物众生，五行阴阳。
泱泱丹水，莽莽太行；
神州华夏，屹立东方。
盘古女娲，三皇五帝；
中华民族，源远流长。
敬天法祖，慎终追远；
传承创新，代有华章。

人文始祖，神农炎帝，
肇启农耕，文明初创。

始制耒耜，教民耕作，
种植五谷，稼穑兴旺。
遍尝百草，祛病疗伤；
日中为市，贸易通畅。
抟土为陶，制作器用；
冶麻为布，乃服衣裳。

削桐为琴，乐奏宫商；
相地而居，构室筑堂。
炎黄结盟，合符釜山，
华夏一统，民安国强。
始祖功德，天高地厚，
泽被子孙，万代颂扬。

两岸同胞，同根同祖，
血浓于水，骨肉情长。
问祖炎帝，寻根高平，
认祖归根，敬献心香。
共拜始祖，文化认同，
炎黄子孙，永世景仰。
和平统一，共同愿望，
民族复兴，人神共襄。

始祖精神，代代传扬，
福佑中华，国运隆昌。
大道之行，天下为公，
崇德弘道，自信自强。
开拓创新，改革开放；
依法治国，人本至上。

协调推进，四个全面；

五位一体，更新万象。

四为四高，晋城先行；

六创赶考，高平担当。

新冠病毒，瘟疫突降，

众志成城，联控联防。

精准扶贫，振兴乡村；

决战决胜，全面小康。

民主政治，市场经济，

先进文化，富强保障。

励精图治，修齐治平；

百年宏图，实干兴邦。

攻坚克难，振兴中华，

同心同德，共创辉煌。

天地同寿，日月齐光；

念兹在兹，伏惟尚飨！

祭文有"新冠病毒，瘟疫突降，众志成城，联控联防"词句，凸显出炎帝文化的现实情怀，这也是炎帝文化与时俱进的体现。两岸共祭炎帝，也是山西高平炎帝祭祀的突出特点。炎帝作为中华人文始祖之一，在港澳台地区和海外信仰者众多。历年炎帝祭祀活动，都有港澳台同胞、海外侨胞前往参加。湖北省随州市炎帝故里、湖南省炎陵县炎帝陵和山西省高平市炎帝陵被国台办批准为海峡两岸交流基地。

5. 台湾各地炎帝庙

台湾现有专门供奉炎帝的宫庙两百多座。海峡两岸的炎帝文化交流活动为促进两岸同胞的交流理解，推动民族身份认同产生重要作用。其中，青云宫与大陆各处炎帝陵交流很多。

青云宫为台湾高雄大社地区祭祀炎帝的庙宇，根据高雄大社青云宫庙中沿革志记载，大社地区之所以祀奉神农大帝，都与望族黄家有关。黄家祖先黄发自福

图1-14　大社青云宫正殿外观，台湾高雄

　　此图为高雄青云宫外观。大社青云宫是一座典型的闽南风格建筑。

建泉州府南安渡海来台，随身奉有神农大帝神像一尊，此像即为目前青云宫中的神农大帝二祖开基神像，后逐渐取得当地民众的信仰认同，倡议立庙奉祀，嘉庆元年（1796丙辰）建立青云宫。1950年，本地人为感念神农大帝庇佑，将本地命名为"神农村"。2010年，改名为"神农里"。

　　台湾地区的炎帝祭祀，往往有出巡绕境礼仪。同时，青云宫在台湾有许多的分灵。

　　炎帝的图像在这些庙宇和陵园建筑里面，都有塑像或者壁画，有着丰富的形态。这些图像整体上与古代的文献描述和经典图像相关，但更有现代气息。

（五）炎帝蚩尤氏图像

　　除了炎帝神农氏，炎帝蚩尤氏是又一位影响巨大的炎帝代表。蚩尤氏原来居住在黄河中下游的地方，九黎族是他的氏族。是牛崇拜的群体，与炎帝神农氏是亲族关系。那时神农氏衰弱了，蚩尤便起来替代之，自称炎帝。蚩尤作兵器，与黄帝交战，起初节节胜利，但后来黄帝在女魃的支持下将炎帝蚩尤氏打败了。关于炎帝蚩尤氏的结局，一说是被黄帝杀死了，如司马迁的《史记》；一说是归附黄帝了，做了黄帝的战神，如《韩非子》。关于战败后的炎帝蚩尤氏的族群，一部分在中原一带与黄帝族融合，当代陕西民间社火中就保留了蚩尤面具，也有蚩尤头像。另外一部分蚩尤族群南迁，开拓了南部空间。苗族等南方少数民族都把蚩尤氏当作祖先，在很多仪式上祭拜蚩尤。蚩尤南方文化区分布较广，贵州、湖南传承很多，重庆彭水县还建立了九黎城，内有很多蚩尤图像。

所以，当年刘邦把蚩尤祠建到长安，可见其对炎帝蚩尤氏具有深刻的文化记忆。

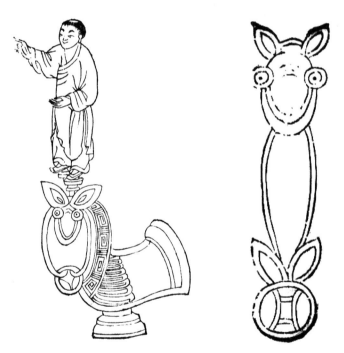

图 1-15、图 1-16　指南车饰玉人踏蚩尤，周代玉器，《古玉图谱》插图

此两图出自宋代淳熙年间所编《古玉图谱》第四十七册，此版为清乾隆四十四年江春康山草堂刻本。书载：该器为白玉制作，玉人长九寸，足下所踏蚩尤长一尺三寸。

图 1-17　指南车饰蚩尤环，周代玉器，《古玉图谱》插图

此图出自《古玉图谱》第四十七册。玉环圆径一尺三寸，厚四分八厘，雕工细致，被认为是周代作品。

图 1-18　蚩尤带环，商周玉器，《古玉图谱》插图

此图出自《古玉图谱》第五十五册。书载：环圆径六寸六分，厚三分，玉色莹白，璩刻蚩尤纠结之形，被认为是商周之物。

总之，蚩尤的图像在民间社会得到了重建，其显著特征是战神形貌，手持兵器，以及牛头之形。但是，在河北的三祖堂，黄帝轩辕氏、炎帝神农氏，和炎帝蚩尤氏均为赤手，体现出和平相处、民族融合的主题。

（六）炎帝祝融氏图像

炎帝祝融氏后来演变为南方之神，夏日之神，当然最主要的职位还是火神。关于祝融的传说则逐渐南方化，先是成为楚国人的祖先。《史记·楚世家》记载：

> 楚之先祖出自帝颛顼高阳。高阳者，黄帝之孙，昌意之子也。高阳生称，称生卷章，卷章生重黎。重黎为帝喾高辛居火正，甚有功，能光融天下，帝喾命曰祝融。共工氏作乱，帝喾使重黎诛之而不尽。帝乃以庚寅日诛重黎，而以其弟吴回为重黎后，复居火正，为祝融。

楚国人认了这位祖先，祝融的辖区于是南移，其最大的传承区在南岳衡山之顶的祝融峰。炎帝祝融氏开始了从帝王向地方神灵，以及专职火神的历程，最后成为南海之神。

炎帝的神话图像，既包括炎帝人物形象，也包括其相关建筑及其文化图像。炎帝创造了农业、医药、兵器、乐器、市场等重要的文化资源，对于中华文明的发展作出了重要贡献。所以炎帝图像异常丰富。炎帝图像具有如下突出特点：

（1）炎帝图像层次丰富。炎帝图像既有帝王祭坛上的炎帝祭祀，也有民间的炎帝祭祀。医药系统、消防系统、饮食系统都有形形色色的炎帝祭祀，也就有形形色色的炎帝图像。官方与民间达到一种共识，这是非常突出的特点。相对于黄帝图像的有限特性，炎帝图像具有无限的丰富性。由于炎帝兼任灶神一职，成为老百姓的"一家之主"，所以炎帝便有了无限多的化身，这样也体现出图像的创造性。

（2）炎帝图像籍贯丰富，但是炎帝图像还有规可循，其谱系性显而易见。其内容以火神为基础，农耕为根本，衍生出中国农业社会的方方面面的创造。其间关联性强。如火神与医疗关系密切，传统中医火疗，以及相关医术与法术，都强调火的重要性。而农业刀耕火种，火是农业发展的命脉，烹调更是离不开火。当生产发展到一定程度，便有了交换。这就有市场的诞生。而生产发展了闲暇时间

图 1-19　南岳衡山祝融峰，宋代版画，《南岳总胜集》插图

此图为宋代陈田夫撰写的《南岳总胜集》中的总图（局部），最上方即为祝融峰。

出来，就会有音乐娱乐需求，所以发明音乐与此连贯起来。无论炎帝谱系有多丰富，其都是循着炎帝这一身份展开的。中心问题是谱系构建的焦点问题，抓住核心就会纲举目张。

（3）炎帝神话与图像体现了中华文化多元一体的特点。炎帝是华夏之祖，也是多民族之祖，这样便有神州大地广泛存在的炎帝信仰。海峡两岸共同祭祀炎帝，两岸炎帝文化交流密切，这是中华文化亲情性认同性的体现。中华民族是"炎黄子孙"的话题，是几千年来，中华民族儿女的共同情感与共同信仰的挚诚表达，炎帝图像认同在其中起到重要作用。

（4）炎帝神话图像是中华艺术遗产，成为艺术创作的重要资源。新时期以来，炎帝系列图像的创造，不仅增进了民族的融合和人们的团结，而且提升了中华儿女的审美境界。

炎帝神话将世世代代永远传承下去，炎帝图像也将生生不息地传承与发展，助推中华文化万古长青！

第二章　炎帝创世神话古代绘画

炎帝创世神话古代绘画指以炎帝创世神话为表现内容的古代绘画作品。作为中华民族的人文先祖，炎帝的主要神话故事集中在农业和医药方面，古代绘画的内容也集中表现了炎帝在开创农业与创制医药两方面的贡献。

山西博物院藏神农采药图、法国国家博物馆藏神农氏半身画像、上海博物馆藏神农侧身坐像，以及上海中医药博物馆藏神农坐像，这四幅绘画作品主要表现了炎帝在医药方面的贡献。此类绘画一般表现炎帝采药或尝草的内容，尤其是以品尝草药为其经典动作。灵芝作为中国传统扶正固本、滋补强身的名贵药材，在此类绘画中出现的频率很高。

美国弗利尔美术馆藏神农伏羲画像和大英博物馆藏炎帝神农氏图则主要表现了炎帝在农业方面的贡献，尤其日本浮世绘画家葛饰北斋绘制的炎帝神农氏图中出现了农具和农业劳作场景。此图中有"炎帝神农氏"五字题款，明确了画中人物为"炎帝神农氏"。

一、神农采药图

图 2-1　神农采药图，辽代纸本设色，山西省博物院藏

　　此图为辽代绘画作品，1974 年发现于山西省朔州市应县佛宫寺释迦塔内，描绘了神农采药的情景。图中神农穿叶衣，披兽皮，背药篓，左手持药锄，右手擎灵芝，赤足行于山石间。

二、神农氏半身画像

图 2-2　神农氏半身画像，清代纸本设色，法国国家图书馆藏

　　此图为法国国家图书馆藏彩绘《历代帝王圣贤名臣大儒遗像》图中的第二幅。神农氏头有两圆角，身披草叶衣，肤色黝黑，须发茂密，右手持一株植物，正在品尝辨别。

三、神农氏侧身坐像

图 2-3　神农侧身坐像，明代纸本设色，上海博物馆藏

　　此图为明代郭诩所绘，现藏于上海博物馆。图中神农居于画面右侧，头上有两角，身披草叶衣，侧身坐在石上，身着草衣与兽皮，手持一株植物，正放入口中品尝辨别其性味。

四、神农伏羲画像

图 2-4　神农伏羲画像，明代纸本设色，美国弗利尔美术馆藏

相传南宋画家方椿年曾绘有《神农伏羲画像》一幅，后失传，此图为明人的仿作，现藏于美国弗利尔美术馆。图中右侧须发皆白，手持葫芦的老者为伏羲；左侧上身着草叶衣，手持绿色植物者为神农，象征神农在农业起源方面的重要贡献。

五、神农坐像

图 2-5　神农坐像，清代纸本设色，上海中医药博物馆藏

　　此图为清宣统二年（1910）绘画作品，图高 176 厘米，宽 94 厘米，现藏于上海中医药博物馆。图中神农坐在大石上，头顶有若干凸起，身穿草叶衣，双足赤裸，右手持一株灵芝状植物，左手握一把叶片细长的植物。

六、炎帝神农氏画像

图 2-6　炎帝神农氏图，日本文政十二年纸本，大英博物馆藏

　　此图选自《万物绘本大全图》。《万物绘本大全图》为日本江户后期浮世绘画家葛饰北斋绘制，全套内含一百零三帧图像，内容包括宗教神话、历史典故、风俗人物、动物花鸟、自然景象等，约绘于日本文政十二年（1829），现藏于大英博物馆。中华创世神话也曾传播到日本，深刻地影响了日本传统文化和艺术。图中神农氏坐居右侧，双手扶于农具上，头有两角，身穿草衣，赤足，似正在观察左侧两人的煮药过程。

第三章　炎帝创世神话古典插图

　　炎帝创世神话古典插图是指以古代典籍插图中的炎帝神话图像。此部分收录图像可主要分为三类：炎帝肖像图、炎帝事迹图、其他图像。

　　炎帝肖像图描绘炎帝的个人形象，主要突出炎帝头上长角、身穿草叶衣、手持植物、口尝植物等外貌和动作特征。本书所选的炎帝肖像图主要来自《历代帝王名臣像》《农书》《三才图会》《新刻历代圣贤像赞》《历代古人像赞》《古先君臣图鉴》《历代君臣像》《本草蒙筌》等古籍。

　　炎帝事迹图则重在叙事，表现了炎帝创制农业、教民稼穑、辨尝百草，以及进行群体治理等方面的事迹，不少事迹图都有文字相配。本书所选的炎帝事迹图主要来自《开辟演义通俗志传》《列国前编十二朝》《盘古至唐虞传》《廿四史通俗演义》等古籍。比较特别的是《列国前编十二朝》，其中不仅将炎帝刻画为帝王，还描绘了炎帝妻子等人的形象。

　　除了上述两种图像之外，此部分还包括一些与炎帝后代有关的图像，比如《山海经》插图中炎帝小女儿所化的精卫鸟图像，炎帝后裔蚩尤、祝融与夸父的图像等。

一、《历代帝王名臣像》插图

图 3-1　炎帝神农氏像，宋代版画，《历代帝王名臣像》插图

此图为《历代帝王名臣像》插图。《历代帝王名臣像》被认为是宋代作品，收录历代帝王名臣像 91 幅，上起神话中的人物，下至宋朝。该画传采用右文左图的形式，图像雕刻线条清晰，具有较高的艺术水准。图中神农氏披发穿草叶衣，额头有皱纹，凤眼卧蚕眉，唇周髭须密布，右手持一株植物正在辨尝，左手中也捧着一株植物。

二、《农书》插图

图 3-2　神农教稼图，元代版画，《农书》插图

　　此图为元代王祯所著农学著作《农书》中的插图，描绘了神农氏教授民众如何辨识百草的场景。图中神农氏头上长角，身穿兽皮，坐在一块岩石上。图右侧有文字对神农氏功绩作了简单介绍，曰："神农氏姜姓，母曰女登，感神龙而生，人身牛首。当时民食鸟兽血肉，天雨粟，神农遂制耒耜，耕而种之，以教万民。后世粒食，因之以为百谷之祖，使世之以食为命者知所自也。"

三、《三才图会》插图

图 3-3　炎帝神农氏半身像，明代版画，《三才图会》插图

　　炎帝神农氏半身像为明代《三才图会》人物卷插图。《三才图会》是明代王圻、王思义父子编辑的一部类书，刊印于明万历三十五年（1607）左右。该版为潭滨黄晓峰重校，槐阴草堂所藏。图中炎帝全身稍左侧，头上有角状凸起，额头有皱纹，浓眉环眼，披发，穿草叶衣，右手持一株植物伸入口中，似乎正在辨别植物的味性。此形象在很多版本中反复出现，是炎帝形象的标准图式之一。

图 3-4　赤松子，明代版画，《三才图会》插图

　　根据《搜神记》的记载，赤松子是神农时掌管雨的神仙，称为雨师。他服食水玉散，也教神农服食。他能进入火中烧不坏身体。他每次到昆仑山去，常到西王母的石室中做客，随风上天，随雨下地。

四、《新刻历代圣贤像赞》插图

图3-5　神农像，明代版画，《新刻历代圣贤像赞》插图

　　该图选自《新刻历代圣贤像赞》。此《新刻历代圣贤像赞》为明万历二十一年（1593）胡氏文会堂刻格致丛书本，共收历代圣贤人物一百九十四人。图中神农身披草衣，右手持植物正在辨尝，左手握另一种植物，头顶上有角状凸起，上额有皱纹，浓眉环眼，唇周髭须浓密，手部指甲较长。

五、《历代古人像赞》插图

图 3-6　神农像，明代版画，《历代古人像赞》插图

　　此图为郑振铎编的明弘治十一年（1498）刻印的《历代古人像赞》中的一幅。图中神农头上有角状凸起，额头有皱纹，浓眉环眼，须发茂密，身着草叶衣，右手持一株植物正在辨尝，左手中握有另一种植物。图像左上方有榜题曰："药石权舆农商宗祖，夭札全生饥寒脱苦。"

六、《古先君臣图鉴》插图

图 3-7　炎帝神农氏，明代版画，《古先君臣图鉴》插图

　　此图为明万历十二年（1584）所刻的《古先君臣图鉴》中的插图。按照此书的目录，君类收录四十三幅图像，臣类收录一百幅图像，每幅均配有小传及古赞。此图中神农氏形象与其他神农氏肖像类似，头顶有角状凸起，额头有皱纹，浓眉环眼，须发茂密，身着草叶衣，正在辨尝植物。

七、《历代君臣图像》插图

图 3-8　神农像，明代版画，《历代君臣图像》插图

此图为和刻本《历代君臣图像》中的插图。和刻本《历代君臣图像》的底本为明代高宗哲所辑的《圣贤图》。该书的翻刻本后来传入李氏朝鲜并被重刊。李氏朝鲜的重刊本名为《历代君臣图像》，此版传入日本，再次被翻印，并在部分汉字旁附上了假名，成为和刻本《历代君臣图像》。

八、《开辟演义》插图

图 3-9　神农教民种五谷，明代版画，《开辟演义通俗志传》插图

此图为明代周游所著的讲史小说《开辟演义通俗志传》卷首插图。该小说从盘古开天辟地起，写到周武王吊民伐罪，包含了周以前的丰富的神话传说和历史。此图描绘了神农氏向民众传授五谷种植技术的场景。

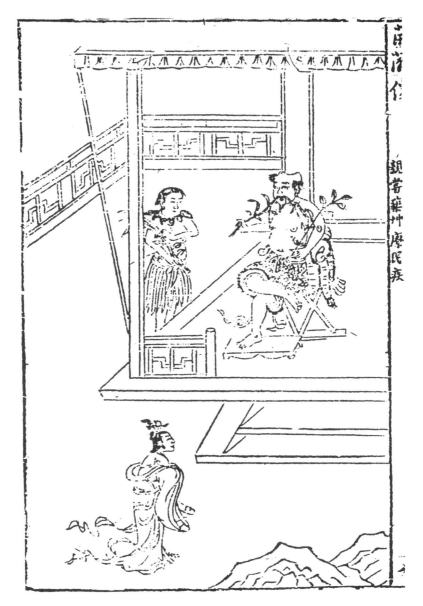

图 3-10　亲尝药草疗民疾，明代版画，《开辟演义通俗志传》插图

　　此图为明代周游所著讲史小说《开辟演义》卷首插图，描绘了神农氏为治民疾病，亲自辨尝草药的场景。

九、《列国前编十二朝》插图

图 3-11　百姓采草实帝召问其故，明代版画，《列国前编十二朝》插图

此图为明余象斗编，三台馆刊印的《列国前编十二朝》插图。全书共四卷五十四节，卷首云："因（故）不佞搜采各书如前诸传式，按鉴演义，自天开地辟起，至商王宠妲己止。"此图描绘了神农向民众了解采集野生植物及其果实食用之事的情景。

图 3-12　帝与百姓取名五谷，明代版画，《列国前编十二朝》插图

此图为明余象斗编，三台馆刊印的《列国前编十二朝》插图。图像描绘了神农氏为五谷命名的场景。

图 3-13　神农教民作来田器用，明代版画，《列国前编十二朝》插图

　　此图为明余象斗编，三台馆刊印的《列国前编十二朝》插图。图像描绘了神农氏教民制作农业工具的场景。

图 3-14　炎帝与群臣议取药治疾，明代版画，《列国前编十二朝》插图

　　此图为明余象斗编，三台馆刊印的《列国前编十二朝》插图。图像描绘了神农氏与群臣商议为民用药治疗疾病的场景。

图 3-15 天下解药入朝见炎帝，明代版画，《列国前编十二朝》插图

此图为明余象斗编，三台馆刊印的《列国前编十二朝》插图。图像描绘了群臣奉炎帝之命，将各地收集到的植物药材进献给炎帝的场景。

图 3-16 神农尝辨诸般药性，明代版画，《列国前编十二朝》插图

此图为明余象斗编，三台馆刊印的《列国前编十二朝》插图。图像描绘了神农氏亲尝每一种草药，辨别药性的场景。

图 3-17　帝对群臣说药性泉水毒，明代版画，《列国前编十二朝》插图

此图为明余象斗编，三台馆刊印的《列国前编十二朝》插图。图像描绘了炎帝向群臣讲解草药药性以及教他们辨别泉水等自然水体是否有毒的场景。

图 3-18　夙沙百姓杀夙沙入奏帝，明代版画，《列国前编十二朝》插图

此图为明余象斗编，三台馆刊印的《列国前编十二朝》插图。图像描绘了诸侯夙沙氏治下百姓杀夙沙后入朝见炎帝请罪的场景。相传，夙沙氏是炎帝时诸侯，但起兵叛乱，为臣民所杀。如《帝王世纪·炎帝神农氏纪》载："诸侯夙沙氏叛，不用命，箕文谏而杀之。炎帝退而修德，夙沙之民，自攻其君而归炎帝。"

十、《盘古至唐虞传》插图

图 3-19　神农教民起土耕田，明代版画，《盘古至唐虞传》插图

　　此图为历史演义小说《盘古至唐虞传》插图。《盘古至唐虞传》即《按鉴演义帝王御世盘古至唐虞传》，凡二卷十四则，题"景陵钟惺景伯父编辑，古吴冯梦龙犹龙父鉴定"，明代书商金陵余季岳所刊，版式为上图下文，图作圆形。该小说从盘古开天辟地一直讲述到舜崩于苍梧山。此图描绘了神农时代民众在神农氏的指导下初步掌握了以耒耜掘土耕田的早期农业生产技术。

图 3-20　神农上山亲尝百草，明代版画，《盘古至唐虞传》插图

　　此图为历史演义小说《盘古至唐虞传》插图，表现了神农氏见百姓多有疾病，乃口尝百草，一日遇十二毒，后服解毒药解毒的情景。

图 3-21　神农教民日中为市，明代版画，《盘古至唐虞传》插图

　　此图为历史演义小说《盘古至唐虞传》插图，表现了神农氏为民众制定日中为市规则的情节。根据规定，民众皆可以携来货物于中午时分来到市场上，以有换无，各得其所。

十一、《图像本草蒙筌》插图

图 3-22　神农炎帝坐像图，明代版画，《图像本草蒙筌》插图

　　此图为《图像本草蒙筌》插图，《图像本草蒙筌》，明陈嘉谟（廷采）撰，刘孔敦增补。明崇祯元年（1628）万卷楼刻本，题名《重刻增补图像本草蒙筌》。卷首列历代名医图 14 幅，从伏羲皇帝开始，接着就是神农炎帝。图中神农炎帝为坐姿，头上长角，须发浓密，身穿兽皮，双足赤裸，手持一株植物。

十二、《山海经》插图

图 3-23　精卫鸟，明代版画，胡文焕《山海经图》插图

　　刊于明万历年间的胡文焕《山海经图》是目前所能见到的最早《山海经》图本，其中包括 133 幅插图。《山海经·北山经》载：发鸠山上有一种精卫鸟，长得像乌鸦，头部有美丽的花纹，有白色的鸟喙和红色鸟爪。相传，它是炎帝的小女儿，名叫女娃。女娃在东海中嬉水，不幸溺死，化为精卫鸟，不停地衔取西山上的树枝和石子，投入东海中，希望能把东海填平。此图将精卫鸟描绘成尾羽较长，类似凤鸟但无冠的一种鸟。

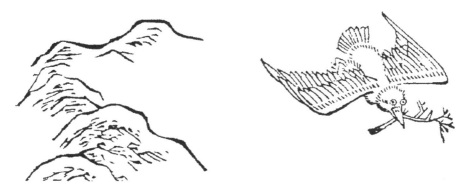

图 3-24　精卫鸟，明代版画，蒋应镐《图绘全像山海经》插图

　　蒋应镐《图绘全像山海经》刊刻于明万历年间，有图 74 幅。此图故事性较强，既描绘了西山的形象，也描绘了精卫鸟的形象，表现了精卫鸟从西山上衔取树枝的情景。

图 3-25　祝融，明代版画，蒋应镐《图绘全像山海经》插图

　　在创世神话中，祝融与炎帝有千丝万缕的联系，比如《山海经·海内经》说祝融是炎帝的后代。《山海经·海外南经》载：祝融兽身人面，坐骑是两条龙。此图正描绘了骑在两龙身上的祝融形象。

图 3-26　祝融，清代版画，四川《山海经绘图广注》插图

　　《山海经绘图广注》为四川顺庆海清楼于清咸丰五年（1855）刻印，由吴志伊注，成或因绘。此图描绘了骑在两龙身上、身穿兽皮的祝融氏及其随从形象。祝融氏是炎帝神族的重要成员。

图 3-27　蚩尤，清代版画，汪绂《山海经存》

　　蚩尤与炎帝也密切相关，属炎帝裔，居住于南方。蚩尤也自称炎帝。《山海经·大荒东经》等文献载：蚩尤与黄帝战于涿鹿之野，蚩尤大败，被黄帝杀于青丘。此图表现了蚩尤被杀后身首异处的景象。

图 3-28　夸父逐日，明代版画，蒋应镐《图绘全像山海经》插图

按照《山海经》的叙述，夸父是后土的后代，后土是祝融的后代，祝融是炎帝的后代，因此夸父是炎帝的苗裔。夸父是巨人族的一支，形貌奇特，两只耳朵穿贯两条黄蛇，两只手还抓着两条黄蛇，居住在北方大荒一座名为成都载天的高山上。《大荒北经》载：夸父决心与日竞走，但追到太阳落山的禺谷，眼看就要追上了，夸父突然觉得干渴难忍，便俯身将黄河、渭河的水喝光，但依然不够，夸父又往北方大泽奔去，还没有到达目的地，就渴死了。此图描述了夸父逐日的过程。

图 3-29　夸父国，明代版画，蒋应镐《图绘全像山海经》插图

　　《山海经》载夸父是炎帝的苗裔。夸父的后裔组成一个国家——夸父国。夸父国是巨人国，国民皆右手操青蛇，左手操黄蛇。

十三、《历代君臣图鉴》插图

图 3-30 炎帝神农氏，清代拓片，《历代君臣图鉴》插图

　　炎帝神农氏像为《历代君臣图鉴》第 1 册第 1 幅图像拓片。《历代君臣图鉴》共三册，收藏于美国哈佛大学哈佛燕京图书馆，尺寸约为 23.9×20.2 厘米。此图册前无序，后无跋，中间为人物形象与文字介绍的石刻拓片。此图为典型的尝草图，神农氏头上有角状凸起，浓眉环眼，双目威凸，身穿草叶衣，右手持一株植物正在品尝辨别。

十四、《廿一史通俗衍义》插图

图 3-31　神农氏教民稼穑，清代版画，《廿一史通俗衍义》插图

　　此为清吕抚所辑的历史演义小说《廿一史通俗衍义》卷首插图，为上海古籍出版社 1994 年影印版，描绘了神农氏向民众传授农业种植技术的情景。

十五、《廿四史通俗演义》插图

图 3-32 神农教民稼穑，清代版画，《廿四史通俗演义》插图

　　此图是清代吕抚所辑历史演义小说《廿四史通俗演义》卷首插图，描绘了神农氏向民众传授农耕技术的场景。

十六、《二十五史通俗演义》图像

图 3-33 神农教民稼穑，民国版画，《二十五史通俗演义》插图

此图为广益书局 1948 年出版《二十五史通俗演义》（绣像仿宋完整本）插图，表现了由于神农氏的教授，先民学会了用耒耜进行早期耕作的情景。

第四章　炎帝创世神话民间版画

　　炎帝创世神话民间版画，主要指以民间版画形式表现炎帝创世神话相关内容的图像。从形式上看，炎帝创世神话民间版画主要包括木版年画和木版纸马两种。民间版画在以往的炎帝研究中较少被关注。

　　木版年画是雕版印刷技术发明之后的产物，其特点是构图丰满、色彩明快，具有装饰性。纸马又称"神马""甲马"等，是民间信仰中的祭祀用品，一般采用木版印刷，因此属于民间版画品种。一般在除旧布新的日子里，民众为答谢神灵而进行祭祀，祭毕烧化纸马，意为送神上天。纸马与年画常同时使用，但年画要张贴一整年，而纸马则是过了年即焚化。

　　炎帝创世神话民间版画中的炎帝大都头上有角，有些身披草叶衣，但更多的则身着袍服。其中有些图像将炎帝视为田祖（即农业始祖），有些图像将炎帝视为医药之神。此外，炎帝创世神话民间版画中还有一部分是神灵组合版画，炎帝与玉皇大帝、送子观音、关公、文武财神、黄帝、伏羲等出现在同一画面中，表现出中国民间信仰的多神灵信仰特点。

一、历代帝王图年画

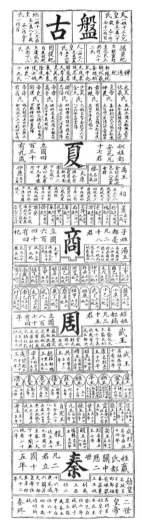

图 4-1　历代帝王图，清代木版年画，杨家埠

此图为清代杨家埠木版套印年画，尺寸为 104×27 厘米，年画共六幅。此种年画是清代中后期出现的新题材年画，以年画的形式向民众传播历史知识，图中"盘古"一块的第四行右起第二格为"炎帝神农氏"。

二、田祖神农年画

图 4-2　田祖神农，木版年画，河南安阳

　　由于神农氏发明耒耜，教民稼穑，开辟农业的功绩，中国不少地方民众将神农氏奉为田祖。每逢新年伊始，民众便张贴田祖年画，祀敬田祖，祈求风调雨顺，河南安阳民众尤其崇奉田祖神农。此图中上方为田祖坐像，下方为农耕图。田祖面容和蔼，身穿树叶，怀抱禾苗。头有两角，为红色，小而尖，赤足而坐。下方图中有两人正在农耕，左下方为一头牛和一头驴，右下方为农业用具。

图 4-3 田祖神农，木版年画，河南滑县

此图为河南滑县的田祖神农年画。神农氏端坐于中央，手持一株作物，头有两只细长的尖角，额上有皱纹，须发皆长，腰部裹围草叶衣，赤足。

图 4-4　神农氏田祖师，木版年画，河南朱仙镇

此图为河南省朱仙镇木版套印年画，画面尺寸为 23×16 厘米，现藏于中央美术学院图书馆。此图中的神农项围树叶，身穿袍服，手执禾苗，座前放置农具，四周有侍者与大臣。

图 4-5　四像图，木版年画，河南安阳

　　此图为河南安阳木版套色年画。在安阳年画中，不仅有单独的田祖神像，还有包括田祖在内的神灵组合年画。在几种重要的神像组合中，田祖都处于十分重要的位置。四像图即为神灵组合年画，画面主要描绘了主宰天地的玉皇大帝、保护庄稼的田祖神农氏及降福驱邪的文武财神四位在民间受到普遍敬奉的神灵形象。画面上方有"如在其上"四字，出自《中庸》，强调神灵无处不在，应祭神如神在。下方有"神之格思"四字，出自《诗经·大雅》，意思是：神的降临不能预先测度的，因此必须时时勤奉，不能懈怠。图中神灵共分为三排，神农氏居第二排左侧，头上有角，手持一株植物，双脚赤裸。

图 4-6　五像图，木版年画，河南安阳

　　五像图为神灵组合年画，描绘了五位主要神灵：玉皇大帝、送子观音、田祖神农氏、关公、文财神。田祖神农氏位于第三层左侧，头上长尖角，手持禾苗，腰围叶衣。

三、神农纸马

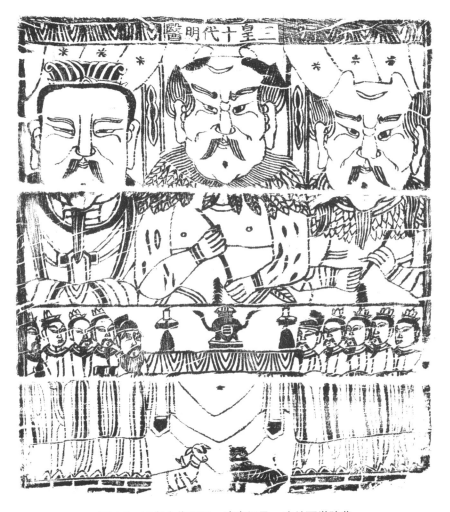

图 4-7 三皇十代明医，清末纸马，法兰西学院藏

纸马是一种为敬神而焚烧的印有神像的纸片，大致可以归为年画的范畴。供焚烧的纸马多为白纸墨印，尺寸一般较小。此图为现藏于法兰西学院的清末纸马，题为"三皇十代明医"，上方三位体型较大的人物为三皇，从左到右可能依次为黄帝、伏羲、炎帝。

图 4-8　神农皇帝，清末纸马，法兰西学院藏

　　此图为法兰西学院收藏的清末纸马，题为"神农皇帝"。画面正中体型较大者为神农。神农头戴帝王冠冕，身穿冕服，手持玉圭。

第五章　炎帝创世神话考古图像

炎帝创世神话考古图像，指以文物、建筑物与文化遗址等形式存在的反映炎帝创世神话内容的图像。其中，既包括有关祭祀炎帝的庙宇、墓冢，还有记述炎帝事迹、炎帝庙宇的碑刻、石刻，以及表现炎帝形象的牙雕、木雕。

祭祀炎帝的有关庙宇在全国有多处，炎帝故里各地也各有说法，主要集中在陕西宝鸡、山西晋城、湖南株洲、湖北随州。各地的炎帝遗址遗迹、祭祀方式、炎帝形象也各有不同。陕西宝鸡地区祭祀炎帝的建筑主要是炎帝祠和炎帝陵，炎帝祠原为古代神农祠，被毁后现代易地重建并改名，炎帝陵也为现代异地新修。古籍记载炎帝在姜水河边长大，为姜姓，宝鸡地区炎帝祭祀建筑中有明显的姜氏姓氏文化和其他姓氏文化；山西晋城高平地区祭祀炎帝的庙宇在多处均有分布，同时还有炎帝的家庭人物祭祀建筑，如炎帝的三个儿子、女儿精卫及后代后羿等；湖北随州地区烈山（又称厉山）石室相传为神农（烈山氏）的诞生地，烈山及其附近是神农氏族生息的地方；湖南株洲炎陵县原名酃县，1994年更名为炎陵县。长沙子弹库出土的楚帛书论楚先世有"炎帝乃命祝融以四神降"等记载，说明至周代的南方民族已将炎帝奉为宗神。湖南当地自古以来就有炎帝葬长沙的传说；台湾高雄地区的青云宫为当地祭祀炎帝的大社，青云宫有多处分社。

此部分还收录了一些炎帝牙雕和木雕图像，主要表现了炎帝在创制医药方面的功绩。比如上海中医药大学医史博物馆藏的清代神农牙雕像为炎帝图像中少见的珍品，依然具有炎帝经典造型特征：头顶长两角，手持草药。

一、汉画像石

图 5-1　蚩尤，汉画像石拓片，安徽当涂县文化馆藏

此画像石出土于四川境内，后收藏于安徽当涂县文化馆。此图中蚩尤为猫头，口大张，四肢雄健，头戴弓巾，手足皆执兵器，体现出"作兵"的本色。

图 5-2　蚩尤战斗场景（1），画像石拓片，山东嘉祥武氏祠

此画像石位于山东嘉祥武氏祠左石室屋顶前坡西段，表现了蚩尤及其众多兄弟战斗的场景。相传，蚩尤有兄弟 81 人，骁勇善战，势力强大。此图表现了手持兵器在战斗的蚩尤兄弟形象。

图 5-3　蚩尤战斗场景（2），画像石拓片，山东嘉祥武氏祠

在蚩尤参加的众多战斗中，蚩尤部族与黄帝联盟展开的激战最为著名。《史记·五帝本纪》《逸周书·尝麦解》《山海经·大荒北经》都有记录。此图表现了战斗的场景。

图 5-4　蚩尤战斗场景（3），画像石拓片，山东嘉祥武氏祠

关于炎帝与蚩尤的关系。有学者考证认为蚩尤也是炎帝，也就是炎帝蚩尤氏。也有学者认为蚩尤与炎帝是不同的两个人。相传，蚩尤善于制作兵器，所以蚩尤的形象往往与兵器有着密切的关联，图中右起第二人为蚩尤，其头顶、手、足皆有兵器。

二、陕西宝鸡炎帝陵文物

图5-5　炎帝陵炎帝大殿，宝鸡炎帝陵 [①]

　　宝鸡市南5公里处的常羊山位于清姜河畔，南依秦岭，北临渭水。其东南20公里处的天台山，传说是炎帝误食断肠草不幸殉难的地方。后人曾在此建造炎帝寝殿，修筑神农寝骨台。如今原殿已毁，寝骨台石基犹存。1993年，宝鸡市神农乡与铁道部宝鸡桥梁厂合作，在常羊山共建一座炎帝陵。

---

　　① 此图由陕西宝鸡炎帝与周秦文化研究会提供。

图 5-6　炎帝墓冢，宝鸡炎帝陵 ①

　　此图为陕西宝鸡炎帝陵炎帝墓冢。墓冢位于常羊山东南 20 公里处的天台山，相传此处为炎帝误食断肠草不幸身亡之地，后人曾在此建造炎帝寝殿祭祀。1993年，宝鸡市在常羊山新建了炎帝陵，现炎帝墓冢位于常羊山中峰峰顶。

---

① 此图由李悦摄。

三、山西高平炎帝陵、炎帝庙文物

图 5-7　炎帝坟冢，山西高平炎帝陵 ①

　　高平炎帝陵，俗称"皇坟"，位于高平市神农镇庄里村南，距市区 18 公里。据《路史》记载："黄帝封炎帝后参卢于潞，守其先茔，以奉神农之祀。""先茔"即高平炎帝陵。2014 年至 2016 年，高平市委、市政府筹资对高平炎帝陵进行了修复保护，成为国内祭祀神农炎帝的最大建筑群。经中共中央台办、国务院台办批准，决定在高平炎帝陵设立海峡两岸交流基地。2017 年 5 月 3 日，山西省晋城市高平炎帝陵"海峡两岸交流基地"举行授牌仪式；同月，中华炎黄文化研究会决定在高平炎帝陵设立"神农炎帝文化研究基地"。此坟冢位于炎帝陵景区东北隅，其北枕翠屏，南眺丹水，西望羊山。冢为圆形石砌结构，径 15 米，丘高 5 米余，石墙高 3.15 米。冢前立石雕神龛，其内即为闻名全国的"炎帝陵"石碑。相传，冢下有一神秘地宫，内有一盏万年灯，常年不熄。亲历者中庙村邢姓老人为地宫内的万年灯送油，曾顺墓道进入地宫。

---

　　①　此图由李悦摄。

图 5-8　明刻炎帝陵碑，山西高平炎帝陵 [①]

　　1994 年，在炎帝陵庙（即五谷庙），发现了一通"炎帝陵"石碑，明万历三十九年（1611）所立，距今已有四百多年，是全国最早明确记载"炎帝陵"的碑刻石记。碑高 95 厘米，宽 66 厘米；座高 30 厘米，宽 90 厘米；通高 125 厘米。

---

① 此图由山西高平炎帝文化研究会提供。

图 5-9　五谷殿，山西高平炎帝陵 ①

　　五谷殿是山西高平炎帝陵唯一一座保存完整的古庙建筑。旧称"五谷庙""炎帝陵庙"。该庙始建于元初，明、清两代均有重修。2004 年，高平市政府落架大修，五谷庙得以保护。该庙是历代官方祭祀炎帝的主要场所。高平市至今仍流传着这样的民谣："四月八，神农活，炎黄子孙都记着，祖先种地全靠他。"

---

　　① 此图由山西高平炎帝文化研究会提供。

图 5-10　羊头山神农庙山门，山西高平羊头山神农庙 [1]

此庙坐落在羊头山南麓半山腰。羊头山，亦名首阳山、烈山，位于高平市区东北 17 公里神农镇境内，是古泽州和潞州两郡的分界线。相传，农耕始祖炎帝在这里采摘到第一粒谷种，并始习稼穑，启民耕种，推动了人类从渔猎游牧向农耕定居生活的转变。据宋代《上党县潜龙山宝云寺》，该庙至迟在宋代就已存在。此后直至明清、民国，屡有修葺。2001 年，当地政府在原六名寺基础上进行整修、扩建，使其旧貌换新颜。现神农庙坐北朝南，分上、下两院，由南向北依次为山门、神农塔和炎帝大殿，东西两侧有陈列室和殿厅。整体上，院内建筑错落有致，静谧自然。

---

[1]　此图由山西高平炎帝文化研究会提供。

图 5-11　炎帝行宫正殿外景，山西高平故关村炎帝行宫 ①

炎帝行宫，位于高平市神农镇故关村，亦名黄花观，始建年代不详。据明成化十一年（1475）《重修炎帝行宫碑》记载："神农炎帝行宫盘基在故关里村前，肇建太古，无文考验。祠在换马村东南，见（现）存坟冢，木栏绕护。然祠与宫其相去几柒百余步矣。"行宫坐北朝南，进深一院，占地面积 535 平方米。正殿明天顺四年（1406）至成化五年（1469）创建，为一处典型的明清古代建筑。

图 5-12　"炎帝行宫"刻石，山西高平故关村炎帝行宫 ②

故关村炎帝行宫的大门楣额上，有浮雕"炎帝行宫"四个大字，为清代刻石，具体年月待考。石门额石质为沙岩石，长 285 厘米，宽 23 厘米，保存完整。极具文物和艺术研究价值。

---

①② 此图由山西高平炎帝文化研究会提供。

图 5-13　古庙山门，山西高平中庙村炎帝中庙 ①

　　炎帝中庙，俗称古中庙，位于高平市神农镇中庙村（原下台村），地处羊头山脚下，为国家级重点文物保护单位。该庙创建年代不详，元、明、清各代均有修葺。庙宇坐北朝南，三进院落，建筑规模宏大，占地面积 2676 平方米。炎帝中庙为皇帝敕建之庙，具有重要的文物研究价值。高平祭祀炎帝的宗庙有上中下之分。据该庙清宣统三年（1911）《重修炎帝庙暨村中诸神殿碑记》记载："是以本邑北界羊头山有高庙，城东关有下庙，下台村建庙未知创自何代，称为中庙。"故在高平，炎帝上庙是指羊头山高庙，下庙指城东关炎帝庙，中庙即为此庙。现仅有中庙保存最为完整。

---

① 此图由山西高平炎帝文化研究会提供。

图 5-14　"炎帝中庙"石刻，山西高平中庙村炎帝中庙 ①

　　该石刻为炎帝中庙上院门洞拱券门额上的石匾额。1995 年村民在擦拭庙门旁围墙上的白灰时发现。匾额正中楷书"炎帝中庙"四个大字，根据落款可知，匾额勒石于明天启二年（1622），极具文物研究价值。刻石为石灰岩，长方形，长 97 厘米，宽 48 厘米，保存完整。

---

　　① 此图由山西高平炎帝文化研究会提供。

图 5-15 炎帝寝宫山门，山西高平团西村炎帝寝宫 ①

炎帝寝宫位于高平市神农镇团西村，建在村西的高岗上，其创建年代久远，最迟在金代时已有，元、明、清各代皆有修葺。庙宇坐北朝南，进深三院，占地面积 1524 平方米。该宫庙山门之前为石砌平台，从东南方拾级而上方能进入庙内。该庙宇格局为上党地区典型的"前堂后寝"，整体建筑规模宏大，寝宫正殿宏伟壮观，是高平保存最为古老的祭祀炎帝的庙宇之一。

---

① 此图由山西高平炎帝文化研究会提供。

图 5-16　古庙山门，山西高平焦河村炎帝庙 [1]

　　焦河村，亦名蛟河、焦家河，位于高平市区南 10.5 公里处，属河西镇管辖。该村炎帝庙始建于金明昌元年（1190），原建于村西北的高地上，俗称庙岭地。明嘉靖四年（1525）迁建于村北现址。焦河村炎帝庙坐北面南，单进院落，占地面积 944 平方米，现存建筑有山门、献殿、正殿、配殿、厢房等，为明清时遗构。建筑规模较大，巍峨壮观，是高平市保存完整的庙宇之一，距今已有八百多年的历史。

---

　　① 此图由山西高平炎帝文化研究会提供。

图 5-17　古庙外观，山西高平赤祥村炎帝庙 [①]

　　赤祥村，位于高平市区东北 9 公里处，属三甲镇管辖。赤祥村炎帝庙建于村子中央，坐北向南，正门有"炎帝庙"门额，进深二院，占地 1419 平方米。现存建筑有山门（春秋楼）、中殿、正殿、厢房、配殿、耳殿、耳楼等，中轴线上分列春秋楼、中殿、正殿等主体建筑。该庙始建年代不详，清康熙年间曾有增修。

---

① 此图由山西高平炎帝文化研究会提供。

图5-18　古庙外观，山西高平三甲北村炎帝庙 ①

　　三甲北村位于山西省高平市区东北7公里处，属三甲镇管辖，三甲北村炎帝庙建于村西北的高地上，始建年代不详，坐北面南，一进院落，占地面积705平方米，现存建筑有正殿、戏台、配殿、耳殿、厢房、钟鼓楼等。明清两代均有修缮，明万历三十一年（1603）《重修炎帝庙记》碑载："炎帝之神，古来旧矣。其真灵，在泫氏之北，换马镇之南。"

---

　　①　此图由山西高平炎帝文化研究会提供。

图 5-19　古庙山门，山西高平沟北村炎帝庙 ①

　　沟北村位于高平市区东北 2.5 公里处，属东城办事处管辖。沟北村炎帝庙建于村西北的高地上，坐北面南，进深一院，占地面积 398 平方米。该庙始建年代不详，现存建筑有山门、正殿、配殿、耳殿、戏台等。正殿面阔 3 间，进深 5 椽，单檐悬山顶。庙内现存有清代擎天会善后牌 1 通、清代禁桑碑 1 通。

----

① 此图由山西高平炎帝文化研究会提供。

图 5-20　古槐，山西高平建北村神农炎帝药王庙 ①

　　建北村，位于高平市区东北 17 公里处，属建宁乡管辖。该村神农炎帝药王庙，坐落于村文化广场西约 300 米处，为一座精巧的砖木结构建筑，占地面积 50 余平方米。庙中供奉着神农炎帝尝百草的塑像以及孙思邈、华佗和高平王叔和三位神医的画像。庙前有一棵被村民敬之为"神树"的老槐树，距今已有八百多年的历史，为省级保护文物。

---

　　①　此图由山西高平炎帝文化研究会提供。

四、山西长治重修炎帝神农庙碑

图 5-21　清代重修炎帝神农庙碑碑额拓片，山西长治长子县

此碑为清顺治十八年（1661）所立，位于山西省长治市长子县城关镇北高庙。石碑为青石质，圭首，碑座已毁。碑高 152 厘米，宽 70 厘米，厚 25 厘米。碑额篆字，文为"重修炎帝神农庙碑记"。

图 5-22　清代重修炎帝神农庙碑拓片，山西长治长子县

　　此碑共 22 行，满行 46 字，正楷，由时任长子县知事的王毓恂撰文并书写。碑文对长子县炎帝神农庙从金大德四年始建的历史进行了追溯，对此次重修工程进行了记录。值得注意的是，碑文提到长子县炎帝神话资源丰富的情况，如："治东南有神农井，东北有百谷山，世传炎帝神农于兹获禾巨黍、尝百谷，遂教民稼穑，敷种下土。"

五、湖北随州神农故里神农泉

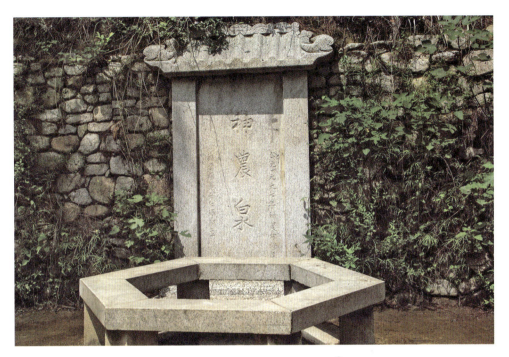

图 5-23　神农泉，随州神农故里 ①

　　随州神农故里位于湖北省随州市城北 20 公里处的厉山镇。相传烈山之石室为神农（烈山氏）诞生之地，烈山及其附近是神农氏族生息的地方。由于战争频繁，随州炎帝神农遗迹累遭摧毁，所剩无几。20 世纪 80 年代后期，随州市和厉山镇人民政府主持修复遗址，兴建了神农庙、神农洞、神农碑、神农泉、纪念馆、功德殿、神农文化广场等。每年前往祭祖观光的海内外炎黄子孙，络绎不绝。相传，神农洞周围一顷二十亩地，有九井。神农既育，九井自穿，汲一井则众井水动。至今，井已堙塞。图中神农泉系后人修复。

---

　　① 此图由田兆元摄。

六、湖南炎陵县致祭碑

图 5-24 清光绪元年致祭碑拓片，湖南炎陵县

《帝王世纪》等文献记录了炎帝葬于今湖南炎陵县的神话。炎帝陵在县城西南 15 公里处，又称"天子坟"。1956 年炎帝陵被列为湖南省重点文物保护单位，1966 年炎帝陵被列为全国重点文物保护单位。现炎帝陵修有碑廊，分东西两侧，廊宽 3.3 米，高 4.5 米，全长 84 米，硬山卷棚式仿古建筑，前柱后壁，壁上嵌明清御祭文碑 51 块。此图为清光绪元年（1875）致祭碑原碑拓片。

七、台湾高雄大社青云宫文物

图 5-25　青云宫旧庙外观，高雄大社青云宫

　　青云宫为台湾高雄大社地区祭祀炎帝的庙宇，根据高雄大社青云宫庙中沿革志记载，大社地区之所以祀奉神农大帝，都与望族黄家有关。黄家祖先黄发自福建泉州府南安渡海来台，随身奉有神农大帝神像一尊，此像即为目前青云宫中的神农大帝二祖开基神像，后逐渐取得当地民众的信仰认同，倡议立庙奉祀，清嘉庆元年（1796）建立青云宫。1950 年，本地人为感念神农大帝庇佑，将本地命名为"神农村"，2010 年改名为"神农里"。

图 5-26 清代楹联，高雄大社青云宫

此楹联制作于清光绪八年（1882），为大社青云宫内历史最悠久的对联，其文曰："变上古血毛之风，继包羲而作帝；开斯民耒耜之利，先后稷以明农。"旨在歌颂神农大帝于农事上的贡献。

图 5-27　清代古匾，高雄大社青云宫

此匾为清代同治癸亥年所制，匾上文字为"万世永赖"，下款为"举人黄焕猷谢"。青云宫内的匾额内容绝大多数为颂恩扬善，此匾悬挂于正殿当中。

图 5-28　清代古匾，高雄大社青云宫

此匾为清代嘉庆十四年（1809）所制，悬挂于青云宫正殿，匾上书写"兆民所天"四字，下款为"紫云宫黄双辉双凤敬立"。

八、牙雕神农像

图 5-29　神农像，清代牙雕，上海中医药大学医史博物馆藏

牙雕神农像通高 19 厘米，座宽 7.5 厘米。神农头长有两角，眉毛竖立，长有长须，身穿草叶衣，眼睛望向手中所持的作物。

九、神农尝药牙碑

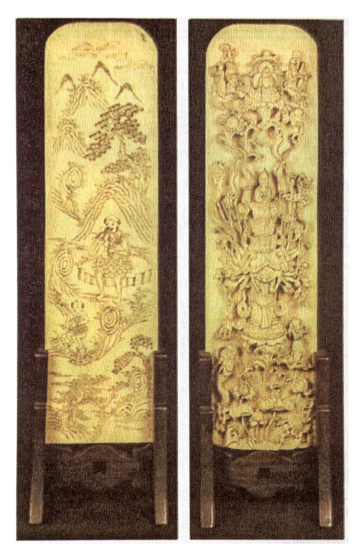

图 5-30　神农尝药牙碑，清代牙雕，上海中医药大学医史博物馆藏

神农尝药牙碑高 31.5 厘米，宽 8.5 厘米，左图为正面，描绘了神农尝药草的情景。

十、神农木坐像

图 5-31　神农坐像，清代木雕，上海中医药大学医史博物馆藏

　　此木雕宽 16 厘米，通告 26.2 厘米。神农坐在一块石头上，头上有角，身着草叶衣，赤脚，右手握一把拂尘。

第六章　炎帝创世神话庙宇塑像

　　炎帝创世神话庙宇塑像指的是宫观祠庙中所塑的炎帝及其家人、僚属、后嗣像。现存炎帝相关庙宇既有官方所建，也有民间所建。而炎帝形象也主要分为两种，第一种为帝王形象，第二种为农神或者药神形象。

　　陕西宝鸡炎帝陵内的炎帝塑像头顶无角，面容祥和，手垂腿上，双手持谷穗，为农神形象。山西高平官方所修建的炎帝陵炎帝大殿内的塑像为帝王形象，面部及双手漆黑，表现的正是炎帝亲尝百草时屡次中毒的面貌，以纪念他为造福苍生舍生忘死的精神。炎帝像旁边塑有鹰、鹿侍奉左右，当地民众相传炎帝幼年时期得到过鹰与鹿的庇护。同样，台湾高雄地区的庙宇塑像也多为帝王形象，面部都为黑色，且设有分灵炎帝，大社青云宫的炎帝分身有二十余座。

　　在高平各地民间的炎帝庙中，炎帝的形象又有所不同，高良村炎帝庙、董庄村炎帝庙、韩村炎帝庙中为农神形象，炎帝手持物不同，有谷穗、玉米、黍和农具。焦河村的炎帝像为帝王形象。最为特殊的是，双井村有一座神农炎帝庙，将神农和炎帝区分为两个人，分别祭祀神农和炎帝，而山西长治南垂村耕读阁内的炎帝像则是与孔子共同被敬奉的，可能说明农业收成、身体健康和求取功名是当地民众最关切的问题。高平地区的部分炎帝庙宇中还塑有炎帝之子和后代的相关塑像。炎帝三太子都为青面獠牙的形象，当地有三太子试吃相关农作物中毒的传说，体现出炎帝神话的地方性。

一、陕西宝鸡炎帝陵塑像

图 6-1　炎帝坐像，宝鸡炎帝陵炎帝大殿①

　　此图为陕西宝鸡炎帝陵炎帝大殿内的炎帝塑像，像高 4.5 米。炎帝须发皆长，左手持谷穗，腰间系有草衣。此炎帝塑像与陵园内寻根堂内的炎帝塑像造型相似，头上都无角，留有长须，双手持谷穗，上半身赤裸，腰间系有草叶衣。

---

　　①　此图由李悦摄。

二、山西高平炎帝陵及其他庙宇塑像

图 6-2　炎帝坐像，山西高平炎帝陵炎帝大殿 ①

　　炎帝坐像位于山西省高平炎帝陵炎帝大殿。该神像面部及双手漆黑，表现的正是炎帝亲尝百草时屡次中毒的面貌，以纪念他为造福苍生舍生忘死的精神。神像坐于九龙椅上，寓意始祖炎帝至高无上，威严神圣。炎帝像旁边塑有鹰、鹿侍奉左右，当地民众相传炎帝幼年时期得到过鹰与鹿的庇护。

---

①　此图由山西高平炎帝文化研究会提供。

图 6-3　炎帝之子塑像，山西高平炎帝陵五谷殿耳殿 ①

　　此图为山西高平炎帝陵五谷殿耳殿内炎帝之子塑像，从左到右依次为：二太子、大太子、三太子。当地相传这三位太子为炎帝和原配娘娘所生，大太子试吃谷子而中毒，二太子试吃麦子中毒，三太子试吃豆子中毒，因而三个太子的形象都是中毒后青面獠牙的样子，表现其家族的牺牲精神。

---

　　① 　此图由李悦摄。

图 6-4　后羿塑像，山西高平炎帝陵五谷殿耳殿 ①

　　此图为山西高平炎帝陵五谷殿耳殿后羿塑像，当地相传后羿为炎帝后裔，而高平正是后羿射日神话流传的中心地之一，目前高平保存有五处祭祀后羿的祠庙。

① 此图由李悦摄。

图 6-5　炎帝塑像，高平高良村炎帝庙[①]

　　此塑像位于山西省高平市高良村炎帝庙，炎帝头有犄角，须、发、眉皆浓黑，身披草叶衣服，手持谷穗，赤足。高良村位于高平市城西北 11.5 公里处，属寺庄镇管辖，炎帝庙建于村之东北，创建年代不详，坐北面南，单进院，占地面积 687 余平方米。现存建筑有山门、正殿、配殿、耳房、厢房等，为明清时的遗构。庙院内有柏树两株，青翠参天。

图 6-6 炎帝坐像，高平董庄村炎帝庙^①

此像位于山西高平董庄村炎帝庙，炎帝头有两角，左手持黍，右手持玉米，这两类都为当地主要的农作物之一。

① 此图由山西高平炎帝文化研究会提供。

图 6-7、图 6-8　炎帝像、神农像，高平双井村神农炎帝庙 ①

　　此两像位于山西省高平市双井村神农炎帝庙。该庙正殿分别塑有炎帝像（左）与神农像（右），是高平境内唯一把神农、炎帝作为两个人供奉的祠庙。图中炎帝身穿蟒袍，头戴冠饰，为帝王形象。神农像着草叶衣，持草尝药。此庙始建年代不详，坐北面南，单进院，现有山门、正殿、厢房。大门门楣上有砖雕匾一块，雕刻"神农炎帝"四字。每年的三月十八日，双井村举办庙会祭祀神农炎帝。

———————————————

　　① 此图由山西高平炎帝文化研究会提供。

图 6-9　炎帝像，高平西韩村炎帝庙[①]

　　此像位于山西高平西韩村炎帝庙。炎帝塑像头顶上有两角，须发皆长，左手抱谷穗，右手持农具，突出了炎帝在农业方面的重大功绩。

---

①　此图由山西高平炎帝文化研究会提供。

图 6-10　炎帝像，高平焦河村炎帝庙 ①

　　此像位于山西高平焦河村炎帝庙。此创建于金明昌元年（1190），原建于村西北的高地上，明嘉靖四年（1525）迁建于村北，占地面积944余平方米。炎帝为帝王形象，面部为黑色，手持谷穗。神像前牌位上书"炎帝老爷之神位"，当地人称炎帝为"炎帝老爷"。

①　此图由山西高平炎帝文化研究会提供。

三、山西长治耕读阁塑像

图 6-11　神农塑像，长治南垂村耕读阁 [1]

　　此像位于山西省长治市南垂村耕读阁内，炎帝黑发黑须，浓眉大眼，身披棉袍。长治所处的上党地区炎帝信仰的特点之一是将炎帝作为亲人、老祖宗来对待，因此当地人会在不同季节为炎帝塑像更换不同的服装。耕读阁内还塑有孔子像，与炎帝像相背而坐，阁前楹联书曰："东作西成遵炎帝，家弦户诵祖先师。"

---

　　① 此图由李悦摄。

四、北京平谷轩辕庙塑像

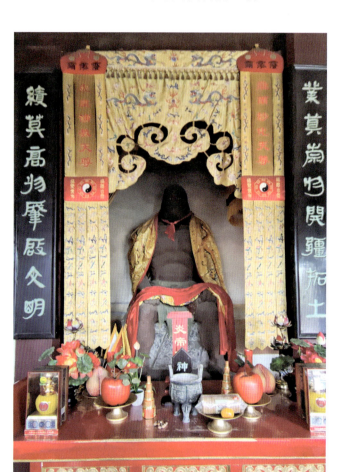

图 6-12　炎帝坐像，北京平谷轩辕庙 [①]

　　此图为北京平谷轩辕庙中炎帝坐像。炎帝像面部黑色，腰间系草叶衣。轩辕庙始建于汉代，正殿塑有伏羲、神农、轩辕三像，轩辕像居中。炎帝坐像两侧有楹联，上书："业莫崇于开疆拓土，绩莫高于肇启文明"，突出了炎帝人文始祖的身份。

[①]　此图由蒋凡摄。

五、台湾高雄大社青云宫及其分庙塑像

图 6-13　神农大帝镇殿老祖坐像，大社青云宫正殿

此图为台湾高雄青云宫正殿所供神农大帝镇殿老祖坐像。高雄地区民间称炎帝为"老祖"。青云宫中，镇殿老祖有大小二十余座分身神。此图中，炎帝老祖头戴官帽，身着朝服，手持笏版，为帝王形象。

图 6-14　神农大帝老祖，大社青云宫正殿

　　此图为台湾青云宫正殿所供奉的神农大帝老祖像，位于镇殿老祖神像前，体积较镇殿老祖小。

图 6-15　神农大帝副老祖，大社青云宫正殿

　　此图为台湾青云宫正殿所供奉的神农大帝副老祖像，位于镇殿老祖神像前，体积较镇殿老祖小。

图 6-16　神农大帝二祖，大社青云宫正殿

　　此图为台湾青云宫正殿所供奉的神农大帝二祖像，位于镇殿老祖神像前，体积较镇殿老祖小。神农大帝二祖腰围树叶，袒胸露乳，手持稻穗，赤足插腰。

图 6-17　神农大帝三祖，大社青云宫正殿

此图为台湾青云宫正殿所供奉的神农大帝三祖像，位于镇殿老祖神像前，体积较镇殿老祖小。

图 6-18　神农大帝四祖，大社青云宫正殿

　　此图为台湾青云宫正殿所供奉的神农大帝四祖像，位于镇殿老祖神像前，体积较镇殿老祖小。

图 6-19　神农大帝五祖，大社青云宫正殿

此图为台湾青云宫正殿所供奉的神农大帝五祖像，位于镇殿老祖神像前，体积较镇殿老祖小。

图 6-20 神农大帝坐像，蚵仔寮青云宫大殿

　　此神农大帝坐像位于台湾高雄市梓官区中正路蚵仔寮青龙宫正大殿。蚵仔寮青云宫为大社青云宫分庙，根据庙中石碑（《青龙宫碑记》）和《庙志》记载，约在清光绪年间，蚵仔寮信徒因深仰大社三奶坛青云宫神农大帝威名，由曾姓族人前往青云宫雕刻令牌返家祭祀。青龙宫镇殿神农大帝造型与青云宫相同，都为帝王形象。

图 6-21　其他陪神像，高雄洲仔青云宫

　　这些神像位于台湾高雄市大树区大坑里洲仔青云宫内。洲仔青云宫也是大社青云宫分庙，庙中除供奉神农大帝外，亦奉祀玄天上帝、朱府千岁、顺府千岁等众神。当地传说此庙原主要祭祀玄天上帝，后因村民患有重疾，在此祭祀神农大帝后痊愈，后逐渐改神农大帝为主祀神。

图 6-22　神农大帝塑像，高雄凤屏宫

此塑像位于台湾高雄市楠梓区凤屏宫内。凤屏宫为后劲地区四大宫庙之一，当地信徒尊称神农大帝为"仙公祖"。庙中供奉神农塑像为尝百草造型之神农大帝。凤屏宫中配祀神与青云宫相同。

图 6-23　神农大帝塑像，梦里琅环宫

　　此塑像位于台湾高雄市鸟松区梦里路琅环宫。琅环宫为当地庄庙，主祀神农大帝。因旧像被白蚁蛀蚀，2004 年完成神农大帝金身的重造。神农大帝头戴通天冠，身披龙袍，为帝王形象。

图 6-24　神农大帝、观音、佛祖与天上圣母塑像，山仔脚青云宫

　　这些塑像位于台湾高雄市鸟松区山脚路山仔脚青云宫内。当地人称山仔脚青云宫"老祖庙"，其正龛主祀神农大帝外，亦供奉观音佛祖与天上圣母。根据庙中碑刻记载显示，青云宫神农信仰最晚于清同治年间已在此地传播，当地村民奉请老祖令牌至村中祭祀。此庙原主要祭祀天上圣母，因发生大火，神农大帝成为主神。

图 6-25　神农大帝塑像，九曲堂神农宫

　　此像供奉在台湾高雄市九曲堂神农宫大殿。九曲堂神农宫位于大树乡九曲村，供奉的神农大帝是由大社青云宫分灵而来。此庙中神农大帝亦有分灵庙宇，当地村民因经商有成，将本庙神农大帝分灵至振农宫。

图 6-26　神农大帝塑像与五宝法器，赤山文农宫

　　此神农大帝神像供奉于台湾高雄市赤山文农宫内，五宝法器为老祖驾临时所用。赤山文农宫位于高雄市凤山区，当地人称"老祖庙"。当地村民因患病，迎请神农大帝回家供奉，后痊愈，便一直供奉家中。1973 年，文农宫建成，于农历二月二十二日举行神农大帝祝寿祭祀。文农宫不定期举办夜巡仪式，仪式比较特殊，不能点灯，也不能发出声音。

图 6-27　神农塑像，赤山神农宫

　　此像位于台湾高雄市赤山神农宫正殿。赤山神农宫位于高雄凤山区，建成于
1983 年，赤山神农宫信众以农业人口为主。

第七章 炎帝创世神话现代创意图像

　　炎帝创世神话创意图像是指以现代、创意形式反映炎帝创世神话内容的图像。当代创意图像可以帮助我们了解当代人对炎帝创世神话的理解，以及炎帝创世神话在当代社会的传播和影响。

　　本书所选的炎帝创世神话创意图像主要包括塑像、壁画和邮票三种形式。从整体上看，当代人塑造的炎帝塑像基本延续了古代炎帝形象的主要特征，比如头上长牛角、手持植物等。但也并非所有特征都得到了保留，比如宝鸡炎帝陵寻根堂前的炎帝塑像头上有双角，双手持谷穗，但其后的寻根堂内炎帝坐像头上并无角，双手放于膝上；当代炎帝神话壁画讲述的内容比语言文字丰富，且具有先民的地域特征。比如陕西宝鸡炎帝陵壁画讲述了炎帝被崇拜为"太阳之神"的神话叙事；炎帝神话邮票通过画面和文字的双重方式传播了炎帝神话和相关神话资源，也代表了国家层面对于炎帝文化始祖地位的认同和推崇。

一、雕塑

图 7-1　炎帝坐像，宝鸡炎帝陵寻根堂广场 [①]

　　此为陕西宝鸡炎帝陵寻根堂广场炎帝坐像，炎帝为牛角人身样貌，双手捧嘉禾，赤足，腰系叶衣。坐像前香炉上写有"人文始祖"字样。炎帝坐像后是寻根堂。

[①]　此图由李悦摄。

图 7-2　炎帝坐像，宝鸡炎帝陵寻根堂内 ①

　　此为陕西宝鸡炎帝陵寻根堂内炎帝坐像，炎帝双手持禾穗，腰系草叶衣。寻根堂内的炎帝像没有牛角，堂内建有许多小型祠堂，宣传姓氏文化。西晋皇甫谧撰写的《帝王世纪》中记载："炎帝神农氏，姜姓也……人身牛首，长于姜水，因以氏焉。"此炎帝坐像前放置有"姜氏列祖列宗之神位"的牌位，说明当地民众也将炎帝视为姜姓之始祖。

----

　　①　此图由李悦摄。

图 7-3 帝尧立像,陕西宝鸡炎帝陵墓道 ①

此为陕西宝鸡炎帝陵炎帝墓道上的帝尧立像。炎帝墓道通往炎帝墓冢,为石阶,石阶两侧有历代帝王石像。立像下方介绍文字写道:"帝尧,姓伊耆,名放勋(甲辰前 1375),是帝喾高辛氏的儿子,国号为唐,建都平阳,自古以来人们公颂的帝王。"炎帝陵塑帝尧像,体现了中华创世神话的谱系。

---

① 此图由李悦摄。

图7-4　帝舜像，陕西宝鸡炎帝陵墓道 ①

　　此为陕西宝鸡炎帝陵炎帝墓道上帝舜立像。立像下方文字介绍内容为："帝舜，姓姚，名重华（丙戌前2255），是瞽叟的儿子，帝尧举用并禅让于他，在位二十八年，以土德治理天下。"炎帝陵树帝舜雕像，体现中华创世神话的谱系。

---

　　①　此图由李悦摄。

图 7-5　炎帝立像，山西高平羊头山 [①]

　　此立像位于山西高平羊头山。炎帝塑像头上有犄角，左手举谷穗。羊头山上现存大量炎帝历史文化遗址，包括神农城、炎帝庙、清化寺、神农井、五谷畦等。

---

　　① 此图由山西高平炎帝文化研究会提供。

图 7-6　炎帝立像，随州神农文化广场 ①

　　此为湖北随州神农文化广场炎帝立像。炎帝塑像头上无角，身穿草叶衣，手持谷穗，望向远方。随州神农故里位于随州市城北 20 公里处的厉山镇，当地相传厉山之石室为神农诞生之地，现神农故里建筑为 20 世纪 80 年代后期兴建。

---

　　① 此图由田兆元摄。

图 7-7　神农坐像，随州神农故里 [①]

　　此为湖北随州神农故里神农坐像，高 4.4 米，神农神态闲适，面容慈祥，发须皆长，头上无角，左手持稻谷，右手持灵芝，象征炎帝神农在开创农耕和医药方面的两大主要功绩。这尊神农塑像是根据 1987 年美籍华人周共、王德樵先生送回的清代画家吴承砚所画炎帝神农像为蓝本设计。

---

① 此图由田兆元摄。

图 7-8　功绩柱，随州神农故里谒祖广场 ①

　　此为湖北随州神农故里谒祖广场功绩柱之一。谒祖广场上共有 8 根功德柱，主要表现炎帝功绩场景，每根柱高 9.9 米，胸径 1.26 米。广场外圆内方，体现了中国"天圆地方"的宇宙观念。

---

　　①　此图由田兆元摄。

图 7-9　蚩尤公塑像，贵州省首兴仁苗乡 [1]

　　此塑像位于贵州省兴仁苗乡薏品田园生态旅游小镇，为贵州省首尊蚩尤塑像，高 4.5 米，基座高 1.1 米。兴仁县境内有汉、布依、苗、回、彝等 16 个民族，少数民族占全县总人口的 24.4%，蚩尤被苗族等少数民族视为祖先。基座文字为"苗族始祖蚩尤"。

[1]　此图由田威摄。

二、壁画

图 7-10　炎帝神迹壁画，陕西宝鸡炎帝陵炎帝大殿 [1]

　　此为陕西宝鸡炎帝陵炎帝大殿内壁画，描绘了炎帝作为"太阳之神""医药之神"的功绩以及"炎黄结盟"的故事场景。当地民间传说讲述：炎帝得到嘉谷后立即种植，但因阴阳有差，只开花不结果，于是炎帝乘骑五色鸟从东海抱回太阳，从此大地五谷丰登。此后，炎帝又创立"日中为市"的制度，开贸易先河，因此被民众称为"太阳之神"。炎帝遍尝百草，制药疗疾，曾"一日遇七十毒"，140 岁时上天台山采药，误尝火焰子（断肠草）而牺牲，炎帝因此被称为"医药之神"。

---

　　[1]　此图由李悦摄。

图 7-11　炎黄融合壁画，山西高平炎帝陵功德殿 ①

此为山西高平炎帝陵功德殿内壁画，讲述了炎黄融合的传说故事。画面描述了羊头山旁，炎帝、黄帝及众朝臣会面商议部落结盟的场景。相传，炎帝部落和黄帝部落为团结抗敌而选择了结盟。炎帝、黄帝作为中华民族人文始祖，被历代祭祀怀念。

图 7-12　先民生产生活图景壁画（1），山西高平炎帝陵功德殿 ②

此为山西高平炎帝陵功德殿内壁画，描绘了先民育人、耕种、制陶、织布、打猎的生产生活的图景，人物多身着草叶衣、兽皮。

图 7-13　先民生产生活图景壁画（2），山西高平炎帝陵功德殿 ③

此为山西高平炎帝陵功德殿内壁画，描绘了先民生产生活的图景，从右到左的场景依次为中药始源、制历分时、制器立威、种麻衣帛，反映了神农教民稼穑、发明中医药、制作生活生产工具、制麻为布的神话内容。

---

①②③　此图由李悦摄。

三、邮票

图 7-14　神农尝百草，中国邮政 2019 年发行 ①

　　此为中国邮政于 2019 年发行的《中国古代神话系列（二）》——"神农尝百草"邮票。神农长发蓄须，头上长角，正辨别植物。《中国古代神话（二）》特种邮票 1 套 6 枚，包括"燧人取火""伏羲画卦""神农尝百草""嫘祖始蚕""仓颉造字""大禹治水"主题邮票。该邮票的发行说明介绍说：神农尝百草的故事体现了人们超越自然局限、主动掌握自身命运的努力。

---

　　①　此图由唐睿提供。

图 7-15　炎帝陵纪念邮票，中华人民共和国国家邮政局 1983 年发行

　　此为《炎帝陵》纪念邮票。该邮票全套三枚，图案分别展现的是湖南炎陵县炎帝陵午门、行礼亭、陵墓的外观，是中华人民共和国国家邮政局为弘扬民族精神于 1998 年 10 月 28 日发行的特种邮票，志号为 1998-23。此套《炎帝陵》邮票与 1983 年 4 月 5 日发行的《黄帝陵》邮票为同一系列，采用工笔淡彩的写实手法，表现了古建筑的外观。

第八章 炎帝创世神话民间收藏图像

此部分炎帝创世神话民间收藏图像为山西省华夏文化基金会理事长、山西省炎帝文化研究会副会长王永忠先生收藏并提供,主要收集自山西上党地区。收藏者认为这些图像涉及宋、元、明、清等时期,清代藏品居多。

其中,特别值得注意的是炎帝夫妻坐像、炎帝财神造像,以及将炎帝称为"赤帝"的图画。在历代绘画、版画与雕塑作品中,炎帝夫妻形象并不多见,此部分收藏的炎帝夫妻坐像为我们提供了一些民间对于炎帝的理解;此部分图像中有一些炎帝塑像手持如意、元宝等物,比起手持植物的炎帝经典形象来说,更像财神,这大约是炎帝信仰在民间不断扩散、传播的结果;此外,此部分还有一张图像将炎帝称为"高祖赤帝炎君"。这为我们研究炎帝神话提供了一定的启示。

一、雕塑

图 8-1 木雕炎帝像，王永忠收藏

此为木雕炎帝坐像，收藏者自述为宋代作品，炎帝面容闲适，左手持如意状物体，右手拿元宝，颈项围草叶衣，下身着裙。

图 8-2　木雕炎帝像，王永忠收藏

　　此为木雕炎帝坐像，收藏者自述为明代作品，炎帝头上两侧有微微凸起的小角，身着草叶衣，左手放于膝上，右手中似乎持有某物。

图 8-3　木雕炎帝夫妻坐像，王永忠收藏

　　此为木雕炎帝夫妻坐像，收藏者自述为清代作品。炎帝夫妻塑像比较罕见，炎帝身着黄色龙纹朝服，肤色偏红，头上有两小角，其妻盘发端坐，面容沉着。

图 8-4　木雕炎帝坐像，王永忠收藏

此为木雕炎帝坐像，收藏者自述为清代作品。炎帝面容祥和，身着朝服，为帝王形象，左手持如意，右手持元宝。

图 8-5　神农太子像，王永忠收藏

　　此为神农太子像，收藏者自述为元代作品。神农太子头上有两角，身着草叶衣，手持谷穗，与炎帝经典形象类似。

图 8-6　琉璃精卫祠屋脊神像，王永忠收藏

　　此为琉璃精卫祠屋脊神像，作者自述为明代作品，收集于山西。山西地区的琉璃艺术具有悠久的历史传统。《山海经》载：炎帝女儿女娃溺水而亡后化为精卫鸟，"常衔西山之木石，以堙于东海"。山西上党地区民众认为神话中的"西山"指的就是当地的发鸠山，并认为女娃死后葬于发鸠山。

图 8-7　木雕精卫像，王永忠收藏

　　此为木雕精卫像，收藏者自述为金元时期作品。精卫是炎帝最小的女儿，因在东海游玩遇到风涛而被淹死，死后灵魂化作一只鸟名为"精卫"，不断衔着石子、树枝投入海中，想把海填平，这便是"精卫填海"的故事。"精卫填海"故事所表现的是不屈不挠、勇于探索的精神。

二、绘画

图 8-8　高祖赤帝炎君画像，王永忠收藏

此为高祖赤帝炎君画像，收藏者自述为清代作品。《潜夫论·五德志》等文献认为赤帝便是炎帝。图中炎帝头上有角，须发皆长，身披草叶衣。高祖是否为刘邦待考。

图 8-9 炎帝出巡图壁画蓝本，王永忠收藏

此为炎帝出巡图壁画蓝本，收藏者自述为清代作品。画中炎帝为帝王扮相，
左手持草药，右手持笏版，身着朝服，骑马前行，身边有随从侍奉。

图 8-10　炎帝行宫壁画底稿，王永忠收藏

　　此为炎帝行宫壁画底稿，收藏者自述为清代作品。炎帝行宫位于高平市神农镇故关村，亦名黄花观。画像为彩色，画中炎帝头长两角，须发皆长，色黑，面部为青蓝色，身着草叶衣，正口尝草药。画中还有谷穗，象征炎帝在农业方面的重要贡献。画的下方有文字：遍尝百草，体现其在医药方面的杰出成就。

图 8-11　姜祖神农画像，王永忠收藏

　　此为姜祖神农画像，绘于布面上，收藏者自述为清代作品，收集于山西上党地区。炎帝头部后方为阴阳八卦图，炎帝全身赤红，左手持草药，右手正在品尝辨别，身着草叶衣、麻衣。上党地区民间传说认为：炎帝是"治麻为衣"的创始人。炎帝是姜姓部落的首领，因此被视为姜姓的祖先。

图 8-12　神农尝百草图，王永忠收藏

　　此为神农尝百草图，收藏者自述为清代作品。画面内容与上海博物馆收藏的明代神农侧身坐像图相似，大约为后人的仿作。图中神农头长两角，身披草衣，赤足，正在尝草。

图 8-13　汉画像神农像仿画，王永忠收藏

此为汉画像神农像仿画，收藏者自述为清代作品。此图中的神农形象与山东嘉祥武梁祠汉画像上的神农像极其相似，头似戴双角状帽，手持耒耜，面向右方，象征着神农在农业方面的功绩，右侧写有"神农亲耕图"字样。

参考文献

（宋）《历代帝王名臣像》，载《中国历代人物像传续编》，齐鲁书社 2014 年版。

（明）《历代君臣图像》，和刻木活字本，日本冈山大学池田家文库藏。

（明）《古先君臣图鉴》，明万历十二年（1584）刻本。

（明）钟惺：《有夏志传》，上海古籍出版社 2016 年影印版。

（明）周游：《开辟演义通俗志传》，明崇祯年间古吴麟瑞堂藏版。

（明）胡文焕校：《新刻历代圣贤像赞》，载《中国历代人物像传续编》，齐鲁书社 2014 年版。

（明）王圻、王思義编集：《三才图会》，上海古籍出版社 1988 年版。

（清）《历代君臣图鉴》，美国哈佛大学哈佛燕京图书馆藏。

（清）《彩绘帝鉴图说》，法国国家图书馆藏。

（清）《历代帝王圣贤名臣大儒遗像》，法国国家图书馆藏。

（清）孙家鼐等：《钦定书经图说》，清光绪三十一年（1905）内府刊本。

（清）吕抚辑：《廿一史通俗衍义》，上海古籍出版社 1994 年影印版。

（清）《中国历代帝王名臣像真迹》，河北美术出版社 1996 年版。

（清）吕抚辑：《二十五史通俗演义》，广益书局 1948 年版。

郑振铎编：《历代古人像赞》，上海古典文学出版社 1958 年版。

傅维康、李经纬、林昭庚主编：《中国医学通史》（文物图谱卷），人民卫生出版社 2000 年版。

李学勤、张岂之主编：《炎黄汇典·图像卷》，吉林文史出版社 2002 年版。

冯骥才编：《中国木版年画全集·朱仙镇卷》，中华书局 2006 年版。

《长治金石萃编》，山西春秋电子音像出版社 2006 年版。

山东省博物馆编：《山东省博物馆藏年画珍品》，文物出版社 2010 年版。

冯骥才编：《中国木版年画集成·平阳卷》，中华书局 2011 年版。

《上海中医药博物馆馆藏珍品》，上海科学技术出版社 2013 年版。

《盘古至唐虞传·有商志传》，载《古本小说集成》第 1 辑，上海古籍出版社 2016 年版。

郭豹、周伟主编：《河南安阳木版年画》，北京联合出版公司 2016 年版。

李经纬、梁峻、刘学春主编：《中华医药卫生文物图典　其他卷》，西安交通大学出版社 2017 年版。

李经纬、梁峻、刘学春主编：《中华医药卫生文物图典竹木卷（1）》，西安交通大学出版社 2017 年版。

《列国前编十二朝》，载《古本小说集成》第 3 辑，上海古籍出版社 2017 年版。

《中医药传承图萃丛书　中国药学文物图集》，暨南大学出版社 2017 年版。

罗景文、郑芳祥编：《高雄大社青云宫神农信仰文化志》，2018 年印。

田兆元：《神话叙事与社会发展研究》，陕西师范大学出版社 2019 年版。

田兆元、唐睿、毕旭玲：《中华创世神话人物图像谱系》，上海人民出版社 2020 年版。

图书在版编目(CIP)数据

炎帝创世神话图像谱系/田兆元,李悦著. —上海:
上海人民出版社,2022
(中华创世神话研究工程系列丛书. 中华创世神话图
像编)
ISBN 978 - 7 - 208 - 17706 - 2

Ⅰ. ①炎… Ⅱ. ①田… ②李… Ⅲ. ①神话-人物形
象-中国-图集 Ⅳ. ①B932.2 - 64
中国版本图书馆 CIP 数据核字(2022)第 097678 号

责任编辑 郭敬文
封面设计 李 祎

中华创世神话研究工程系列丛书 · 中华创世神话图像编
炎帝创世神话图像谱系
田兆元 李 悦 著

出 版 上海人民出版社
　　　　(201101 上海市闵行区号景路 159 弄 C 座)
发 行 上海人民出版社发行中心
印 刷 商务印书馆上海印刷有限公司
开 本 720×1000 1/16
印 张 11.5
插 页 5
字 数 179,000
版 次 2022 年 7 月第 1 版
印 次 2022 年 7 月第 1 次印刷
ISBN 978 - 7 - 208 - 17706 - 2/B · 1619
定 价 80.00 元